MANUAL DO POLICIAL ANTIFASCISTA

LEONEL RADDE

MANUAL DO POLICIAL ANTIFASCISTA

O que pensa e como atua
um agente de segurança que
luta pelos direitos humanos

 Planeta

Copyright © Leonel Radde, 2022
Copyright © Editora Planeta do Brasil, 2022
Todos os direitos reservados.

Organizador de conteúdo: Vitor Necchi
Preparação: Vivian Miwa Matsushita e Fernanda Guerriero Antunes
Revisão: Caroline Silva e Renata Lopes Del Nero
Projeto gráfico e diagramação: Camila Catto
Capa: Anderson Junqueira
Imagem da capa: MaryValery/Shutterstock

Dados Internacionais de Catalogação na Publicação (CIP)
Angélica Ilacqua CRB—8/7057

Radde, Leonel
    Manual do policial antifascista: O que pensa e como atua um agente de segurança que luta pelos direitos humanos / Leonel Radde. - São Paulo: Planeta do Brasil, 2022.
    160 p.

ISBN 978-85-422-2171-8

1. Fascismo 2. Segurança pública 3. Política e governo – Brasil I. Título

22-4548   CDD 300

Índice para catálogo sistemático:
1. Ciências sociais e políticas

Ao escolher este livro, você está apoiando o manejo responsável das florestas do mundo

2022
Todos os direitos desta edição reservados à
Editora Planeta do Brasil Ltda.
Rua Bela Cintra, 986, 4º andar – Consolação
São Paulo – SP – 01415-002
www.planetadelivros.com.br
faleconosco@editoraplaneta.com.br

Acreditamos
nos livros

Este livro foi composto em Spectral, Public Sans e Gobold High e impresso pela Geográfica para a Editora Planeta do Brasil em agosto de 2022.

A todos e todas que fazem parte dessa luta.

SUMÁRIO

1. De que país precisamos? • 9
2. Uma definição de fascismo • 15
3. Entender o fascismo para combatê-lo • 31
4. Cartografia das tatuagens • 47
5. Muito prazer, sou o policial Leonel Radde • 59
6. Polícia não pode ser monopólio da direita • 81
7. Desmilitarização da polícia • 95
8. Como assim, um policial de esquerda? • 101
9. Antifascista com ou sem movimento • 117
10. Um projeto político que acompanha a diversidade da vida • 131
11. Não posso ter qualquer tipo de desonra • 141
12. Barrar o fascismo na primavera • 155

DE QUE PAÍS PRECISAMOS?

1. O que define uma pessoa? É o pensamento ou, mais do que a abstração de um ponto de vista, são as ações, pois o sentido prático do viver acaba determinando a existência? Seria a maneira como os outros enxergam as ideias e os atos aquilo que acaba resumindo a história de alguém?

Esta não é uma obra de autoajuda, como tantas outras que fracassam ao tratar da vida e de seus sentidos, mas os questionamentos apresentados no parágrafo anterior surgiram quando resolvi escrever este livro. Afinal, por que alguém teria interesse em ler estas páginas?

As coisas começaram a fazer sentido quando percebi que a pretensão não era esmiuçar minha trajetória, mas sim tratar de temas atuais e graves, como a escalada fascista e a urgência de barrar esse ciclo perverso de violência e intolerância. Como consequência – pois são indissociáveis –, outro propósito era refletir, entre outros assuntos, sobre direitos humanos e desmilitarização da polícia.

Não se trata de uma autobiografia, mas um tanto de mim aparece ao longo deste livro, afinal o desenvolvimento dos tópicos parte da atuação política que tenho praticado nos últimos anos e das minhas perspectivas, o que me levou a começar por quem me antecede.

Meu pai foi um diretor de teatro que alcançou projeção e reconhecimento no Rio Grande do Sul. Trabalhista convicto, conviveu com seu líder maior, Leonel Brizola, fundador do Partido Democrático Trabalhista (PDT), a quem homenageou. Entenderam de onde veio a inspiração para o meu nome? Ele odiava a legenda à qual me filiei, o

Partido dos Trabalhadores (PT), e aqui posso falar da minha mãe, uma das fundadoras do partido em Porto Alegre, além de ter sido uma bancária de intenso engajamento no movimento sindical. Esperava que eu seguisse qualquer profissão, menos a de policial.

Se não bastasse afrontar os princípios partidários do meu pai, contrariei a minha mãe em algo que era tão caro para ela e, por concurso público, ingressei na Polícia Civil do Rio Grande do Sul. Complexo, né?

Começo a minha apresentação de forma breve: sou Leonel Guterres Radde, pai, policial civil, político de esquerda, antifascista, vegetariano, budista, professor de *aikido*, bacharel em Ciências Jurídicas e Sociais, licenciado em História e mestre em Direito.

Sei que muitos consideram impossível um policial se intitular de esquerda e antifascista – e, ainda por cima, vegetariano e budista –, mas justamente daí surge um dos temas tratados aqui: a dificuldade do campo progressista em discutir segurança pública, um assunto que precisa ser encarado por todos.

Entendo a relutância de segmentos da esquerda em lidar com o fato de um policial ser de esquerda. A relação entre as forças de segurança e os movimentos sociais, negros e de classes menos abastadas nunca foi amistosa; pelo contrário, tem a marca da violência, truculência e intolerância. E tudo piorou durante a ditadura instaurada em 1964, quando os governos promoviam terrorismo de Estado para aniquilar os opositores do arbítrio.

E a direita bruta e extremada, por sua vez, me desqualifica e ataca porque sou antifascista. Aproveito para fazer uma ressalva: não associo o fascismo à direita, mas há um segmento da direita que, embora pequeno, é barulhento, nocivo e até mesmo letal. O fascismo é um movimento ancorado na extrema direita.

Neste livro, discuto as aparentes ambivalências e o tensionamento que orbita em torno dessas relações e desses entendimentos. Além disso, registro minha inconformidade. Pode parecer singelo, quase clichê, mas o que me move a prosseguir agindo todos os dias é o fato de não tolerar tanta injustiça e desigualdade.

A vida se tornou tão precarizada que não há espanto geral quanto a isso. A dor do outro é tão disseminada e banalizada que não choca na dimensão em que deveria. A propósito, enquanto escrevo este texto, ucranianos e russos se matam em mais uma guerra, uma das mais regulares ações humanas, desde quando rivais disputavam a posse do fogo.

O *Manual do policial antifascista*, embora tenha esse nome, não pretende ser um guia prático que busca ensinar como fazer algo. A intenção é que ele parta da minha experiência e se expanda ao encontro de leitores que, assim como eu, entendem que o fascismo não é apenas um assunto restrito a livros de História. Trata-se de algo concreto e perigoso que já deu sinais suficientes de que está em curso, bem perto de nós.

Estas páginas combinam relatos pessoais com reflexões sobre temas urgentes e importantes para pensar o Brasil de hoje, entre eles segurança pública e fascismo, no intuito de ampliar o entendimento sobre o país que temos e o país de que precisamos.

UMA DEFINIÇÃO DE FASCISMO

2.

O fascismo e a luta diária contra ele marcam minha atuação política porque, desde os anos 2010 a 2020, essa deformação é um dos problemas mais preocupantes do Brasil – não apenas dele, a propósito. Claro que há mais horrores que assombram pela permanência, entre os quais: racismo, concentração de renda, pobreza, fome, extermínio dos povos originários, agressões ao meio ambiente, machismo, preconceitos e outras tantas formas de violência, incluindo as promovidas pelo Estado, com destaque para a policial.

O país não está sob esse tipo de regime, mas pensamentos e atitudes fascistas cada vez mais se tornam comuns, e a história comprova o risco que há em desprezar essas evidências.

Sou conhecido como um policial antifascista; daí surge o título deste livro. Em minhas aparições públicas, visto uma camiseta que estampa a palavra "antifascismo". Acabei me tornando referência para quem pretende denunciar pessoas ou atos fascistas, tanto que eu e a equipe que trabalha em meu mandato de vereador recebemos mensagens diárias sobre o assunto.

Por causa da recorrência do tema nos textos que se seguem, esboço algumas considerações conceituais nestas primeiras páginas.

A palavra **fascismo** deriva do termo latino *fasces*, que era usado para designar um feixe de varas atadas em torno de um machado, representando a força pela união. Na República Romana (509 a.C.--27 a.C.), esse objeto simbolizava a prerrogativa atribuída aos magistrados de punir e decapitar cidadãos que contrariassem o poder.

E o regime fascista consiste em uma estrutura de pensamento e de poder com perfil **totalitário** e **autoritário**. Suas origens remontam à Europa, no período que se sucedeu à Primeira Guerra Mundial (1914-1918), principalmente em países assolados por graves crises econômicas – em especial, Itália e Alemanha. Os fascistas tinham obsessão por superar o declínio e a humilhação de suas pátrias.

A crise do capitalismo, no meu ponto de vista, gera o fascismo. Faz pessoas ressentidas quererem se sustentar como indivíduos, agindo, portanto, com ódio, repulsa aos outros, xenofobia, sem dividir o que têm. Ansiando por se sentirem pertencentes a um pequeno grupo, querem se elitizar e responsabilizam o desemprego e a violência pela situação pela qual passam. Esse é um sentimento verificado depois da Primeira Guerra Mundial e que retorna em ciclos, como ocorreu recentemente no Brasil.

Na Itália, o Partido Nacional Fascista foi fundado em novembro de 1921 por iniciativa de Benito Mussolini, que tomou o poder em outubro de 1922, após a Marcha sobre Roma. Essa manifestação culminou em um processo que levou o rei Vítor Emanuel III a entregar o poder aos fascistas, que almejavam reviver a glória do Império Romano. Não queria pouca coisa a turma do *Duce*.

A Alemanha, derrotada no conflito mundial, também foi terreno fértil para a estruturação desse regime, nela chamado de "nazismo" e liderado por Adolf Hitler. Trata-se de algo circunscrito a um determinado período histórico e a um país, sem deixar de constituir uma forma de fascismo, mas datado, pois não se repete.

Nos últimos tempos, muito se fala em neonazismo, que preserva do nazismo as ideias de supremacia racial, nacionalismo ferrenho, racismo e ódio a judeus, comunistas e gays, ampliando essa lista com negros e índios, no caso do Brasil, onde vários indivíduos se mobilizam em torno desse legado nefasto.

Os neonazistas se organizam em grupos e partidos em todos os continentes. Em sua dimensão pública, podem adotar uma postura mais comedida para não despertar atenção em demasia. Em comum, idolatram o *Führer* e negam o Holocausto.

Reluto em aceitar o conceito de neofascismo porque entendo que o fascismo se adapta. Suas manifestações em distintas sociedades e temporalidades preservam um conjunto de características comuns. Não há consenso entre teóricos acerca de uma definição mais precisa para o regime, mas traços locais, personagens próprios e detalhes circunstanciais, em sua essência, estabelecem uma unidade entre diferentes experiências de promover ideias fascistas. Compare Jair Bolsonaro com seus pares Viktor Orbán, da Hungria, e Recep Tayyip Erdoğan, da Turquia, notórios pela conduta antidemocrática, e veja se não se assemelham.

A perseguição a imigrantes e refugiados e o combate a qualquer pensamento e grupo constituído no espectro político da esquerda são marcas contemporâneas do que alguns classificam como "neofascismo", porém ambas características se incorporam ao próprio conceito de fascismo, sem necessidade de recorrer a outra palavra. Mas voltemos ao exercício de conceituá-lo, para além dos já referidos traços totalitário e autoritário.

Uma característica marcante é a construção de um **mito**, um líder idolatrado, celebrado, considerado herói e que revele a verdade. Ele detém, na lógica de seus seguidores, algum atributo como sabedoria, esperteza ou valentia. Trata-se de um predestinado para salvar a pátria. Para isso, concentra o poder e toma decisões conforme a sua vontade. Promove um clima de "nós contra eles", estabelecendo uma tensão permanente.

A propósito, qual palavra os seguidores de Bolsonaro repetem em profusão para saudá-lo?

Além da glorificação do mito, notamos a exaltação da coletividade nacional e dos sentimentos cívicos, estabelecendo o que se chama de **ultranacionalismo**. Em sentido oposto, observa-se um menosprezo à cultura e aos valores de outros países, típico da xenofobia. Alimenta-se uma paranoia com o que vem de fora, o diferente, o que não é nativo, original e puro. Isso desemboca em teorias da conspiração sobre ameaças externas e complôs que prejudicariam o que é nacional e os parâmetros culturais e morais da sociedade.

O nacionalismo exacerbado insufla o patriotismo, se apropria de símbolos e elabora discursos ufanistas. Seu universo simbólico compõe-se de bandeiras, hinos, cores e frases de impacto. No Brasil, há adaptações bizarras, como prestar continência à bandeira dos Estados Unidos, concessão local à lógica de que os outros são inimigos. Mas, claro, isso quando Donald Trump presidia o país e era adulado por Bolsonaro e seus filhos designados por números.

Nenhum traço do fascismo é dissociado de outro. Todos eles compõem uma trama de sentidos convergentes que une e fortalece os seguidores do líder. Fácil entender, portanto, que um nacionalista extremado também pratique o **ultraconservadorismo**. Pode até se dizer liberal na economia, mas se assume profundamente conservador em pautas morais e de costumes. Aborto, mais do que crime, configura pecado. Família é a base da sociedade, formada por um homem e uma mulher que geram filhos, os quais, de acordo com a ministra Damares Alves, do governo Bolsonaro, devem vestir roupas azuis (se meninos) e cor-de-rosa (se meninas). Identidades, comportamentos, sexualidades e afetos que destoem do padrão cis-heteronormativo contrariam a natureza humana. O deus cristão comanda o destino de todos e se sobrepõe a qualquer outra manifestação religiosa, sobretudo aquelas cuja matriz é africana. Aliás, a **religiosidade** serve de recurso para manipular a população, então fascistas se aproximam de sistemas de crença mais populares e colocam deus e pátria no topo de uma escala de valores. Não importam crença ou convicção. Mussolini era ateu, mas encampou o discurso católico como estratégia para incidir sobre as massas e ter mais um sustentáculo para seu projeto de poder.

Outra marca forte do fascismo é o **militarismo** e seu entorno: por exemplo, guerras, fardas, culto à violência, armas, valentia, poder pela força e masculinidade (principalmente com atributos inflados). No que tange ao Brasil – sem exclusividade, a propósito –, há também descrença nas instituições democráticas. Em um país que não lidou com os escombros da ditadura nem acertou as contas com o passado, ao contrário do que ocorreu em outras nações sul-americanas que julgaram, condenaram e encarceraram militares promotores do arbítrio, o desprezo ao regime democrático sugere que as forças armadas operam em prontidão para salvar a pátria, aptas a tomar o poder a fim de garantir salvação e estabilidade. Nessa lógica dos fascistas, vale quem tem atributos ilibados, moralidade e patriotismo, além de forças bélica e física – no caso, os militares.

Os fascistas promovem **preconceito contra minorias** que padrões hegemônicos da sociedade chutam para o andar de baixo. Esses grupos não são apenas desprezados, mas também alvo de agressões, desde as simbólicas àquelas que ferem ou matam, em total desrespeito aos direitos humanos – expressão e sistema de valores que odeiam e desprezam. O time dos perseguidos e estigmatizados é grande no Brasil, entre eles todas as pessoas compreendidas na sigla LGBTQIA+, feministas, negros, povos originários e nordestinos.

Etnias e nacionalidades consideradas nocivas, imigrantes e refugiados também padecem com a repulsa dos fascistas, mas há mais, porque o ódio não tem limite. Fascistas não economizam nas estratégias de **perseguição aos opositores**, recorrendo à violência. No alvo, posicionam comunistas, socialistas, marxistas, anarquistas e integrantes de movimentos sociais e partidos de esquerda, além de grupos que tenham identidade comunitária e critiquem o capitalismo.

A **desvalorização da ciência, da arte e da imprensa** também gera perseguições. Desprezam cientistas, professores, artistas e jornalistas desalinhados ao ideário da liderança. Combatem a cultura letrada, o pensamento crítico, as conquistas científicas, o ambiente acadêmico, o jornalismo independente e analítico, as mais diversas manifestações culturais e a autonomia, irreverência e ousadia próprias da arte.

As perseguições e desvalorizações promovidas por fascistas sustentam o **discurso de ódio e intolerância**. No passado, para se fortalecer, o regime precisava de movimentos de massa, grandes eventos públicos, panfletos impressos e emissões radiofônicas que espalhavam mentiras, acusações infundadas, boatos, ofensas e detratações.

As tecnologias digitais aumentaram substancialmente as possibilidades de propagar, com rapidez, informações repletas de ódio e intolerância. Há adaptações a realidades locais, mas a internet e as redes sociais substituem os comícios e passeatas, difundindo ódio e conclamando a ações.

Na lógica fascista, inexiste apreço pela verdade ou pela verificação dos fatos. O que importa é forjar o discurso para combater inimigos ou corroborar o ideário do líder.

Desde 2018, quando Bolsonaro elegeu-se presidente, o Brasil é palco de campanhas massivas, inescrupulosas e criminosas de desinformação e ataques, sobretudo disseminadas em aplicativos de mensagens. Não por menos, o Tribunal Superior Eleitoral e o Supremo Tribunal Federal agiram em 2022 para garantir um ambiente mais seguro ao novo pleito, exigindo garantias dos administradores dos apps de troca de mensagens de que agiriam para coibir, por exemplo, envios em massa de mentiras que afetassem o processo democrático.

Ódio, intolerância e mentira alimentam perseguições promovidas por fascistas. Em um passado não tão distante, na perspectiva histórica, algumas delas vigeram com mais intensidade em ciclos específicos. Entre as duas grandes guerras, sob a orquestração de Hitler, o antissemitismo alcançou níveis até então inimagináveis, que assombram pelas cifras gigantes de mortos. No mesmo processo destruidor, ciganos, gays, comunistas e pessoas com deficiência também foram encaminhados aos campos de extermínio, quando não acabavam assassinados antes, em suas casas ou nas ruas.

Fascistas lidam naturalmente com inverdades e as utilizam para aglutinar indivíduos. Mentir é artifício recorrente. Criam factoides ou atentados, se apropriam da narrativa inventada e se passam por vítimas a fim de usar determinado episódio para mobilizar seus grupos e mais seguidores.

Embora absurdos, os fatos criados se alastram e convencem quem sente que perdeu ou está perdendo espaço na sociedade, pessoas que buscam uma posição subtraída ou que nunca a tiveram, preconceituosos que não toleram a ideia de todos terem espaço. Impera uma dinâmica de ressentimento. Se não fosse tal situação, estariam muito melhor. Nunca foram valorizados. Segundo eles, os judeus são uma máfia global, têm bancos e cobram juros altos. Haitianos e angolanos roubam postos de trabalho dos brasileiros. O cara não consegue uma namorada por culpa das feministas, que não depilam o sovaco. Cotas que privilegiam negros impedem que o jovem branco de classe média curse uma universidade pública.

A lógica fascista sempre oferece argumentos para sustentar o descontentamento de quem se julga injustiçado e, portanto, sente-se no direito de acabar com o estado das coisas.

Exemplos de décadas atrás lembram que a semente do mal pode não instaurar de imediato o ciclo do horror, mas segue adormecida, à espera de condições propícias para eclodir e atravessar a escuridão do solo que a esconde.

O documentário *Noite e neblina* (*Nuit et Brouillard*, no original), sobre os campos de extermínio nazistas, foi dirigido pelo cineasta francês Alain Resnais em 1955, dez anos após o fim da Segunda Guerra Mundial, com base em arquivos e material filmado para a obra. As imagens são apresentadas com a narração de um texto de Jean Cayrol, poeta que sobreviveu ao Holocausto.

Seu lançamento, em 1956, impactou porque até então inexistiam imagens abundantes daquele que foi um dos processos mais traumáticos e devastadores de todos os tempos. Resnais pretendia que o filme funcionasse como um dispositivo de alerta para que os horrores do fascismo, em particular do nazismo, ficassem represados no passado, sem ressurgir em novos conflitos, como a Guerra da Argélia (1954-1962), país invadido pela França em 1830 sob justificativas pífias e transformado em colônia.

Uma década foi necessária para que viessem à tona imagens da aniquilação da vida humana em escala industrial. Estima-se em 6 milhões o total de mortos no Holocausto, ou *shoah*, que em hebraico significa destruição, ruína, catástrofe.

Nos últimos tempos, a popularização dos aparatos de captação da realidade e a facilidade de propagar informações permitem disseminar, sem parcimônia, qualquer registro, incluindo todo tipo de violência e crueldade, a ponto de não causarem mais espanto ou traumas coletivos. Parte das pessoas perdeu a capacidade de se espantar diante da brutalidade da experiência humana.

O documentário se encerra com este texto, em tradução apresentada no DVD do filme lançado comercialmente no Brasil:

No momento em que lhes falo, a água fria dos pântanos e das ruínas cobre as covas coletivas. Uma água fria e opaca como a nossa péssima memória. A guerra adormeceu. Um olho sempre aberto. A erva fiel voltou a crescer nas Appelplatz e em torno dos blocos. Uma aldeia abandonada, mas ainda ameaçadora. Não se usam mais crematórios, os artifícios nazistas são coisas do passado. Nove milhões de mortos assombram esta paisagem. Quem dentre nós monta guarda neste estranho observatório para nos prevenir da chegada de novos carrascos? Seus rostos serão diferentes dos nossos? Em algum lugar, entre nós, ainda há Kapos afortunados, chefes reabilitados, delatores desconhecidos. Restam ainda os que não acreditavam, ou acreditavam só de vez em quando. Existimos nós, que olhamos sinceramente para essas ruínas, como se o velho monstro concentracionário estivesse morto sob os escombros. Que parecemos nutrir alguma esperança diante dessa imagem que se afasta como se estivéssemos curados da peste concentracionária. Nós, que parecemos acreditar que tudo isso pertence a só um tempo, a um só país que não pensamos em olhar à nossa volta, e que não escutamos o grito incessante.

O fascismo, mesmo que tenha uma natureza antidemocrática, prescinde de um golpe, pois pode assumir o poder por via eleitoral, conforme a história comprova. O Brasil não vive sob um regime fascista, mas tem um presidente fascista respaldado em um séquito da mesma natureza ideológica. Não se pode desprezar essa força transformadora, essa conjugação de elementos da extrema direita.

O V-Dem Institute, da Suécia, é um centro de pesquisa que há décadas investiga a situação da democracia no mundo com base na análise de centenas de dados por país. Seu documento *Democracy report 2022* revela que o Brasil se encontra entre as nações em que a democracia mais teve abalos na última década, assim como Hungria, Índia, Polônia, Sérvia e Turquia. Na análise divulgada, o Brasil não é classificado como democracia liberal porque enfrenta obstáculos para garantir a manutenção dos fatores que caracterizam um Estado de direito consolidado. Somos apresentados como uma democracia eleitoral, ocupando a 59ª posição na lista que afere o nível das democracias. O relatório aponta, ainda, que a situação não se mostrou mais grave, pois a Justiça conteve o presidente Bolsonaro.

Avanço na análise. Se a pandemia de covid-19 não tivesse acontecido a partir de 2020, talvez o país estivesse em um patamar pior.

Em tempos de desagregação, ódio e desprezo a valores como liberdade e respeito à vida, é importante não esquecer o alerta de *Noite e neblina*. O mal nunca se extingue, permanecendo latente nos desvãos da história, na sombra das sociedades que se desumanizam, sempre à espreita, no aguardo de condições propícias para irromper.

ENTENDER O FASCISMO PARA COMBATÊ-LO

3.

A combinação de um pai artista e uma mãe sindicalista me propiciou uma infância e uma adolescência que impactaram a formação da minha consciência política, ainda mais ele sendo um pedetista inveterado e ela, uma das fundadoras do PT. Ambos eram comprometidos com a consolidação da democracia, cada um à sua maneira e em suas áreas de atuação.

O que vivi nesses primeiros anos também me permitiu uma conexão mais leve com o mundo, um jeito de ver os outros com suas especificidades e marcas, o que há de mais particular, compreendendo e respeitando as diferenças entre as pessoas.

Considero esse ciclo inicial da vida e os ambientes que frequentei, além das escolhas para minha formação acadêmica e intelectual, determinantes para que a luta antifascista se tornasse a marca principal da atuação política que desenvolvo, o que se ampliou com o respaldo dos eleitores que me confiaram um mandato na Câmara de Vereadores de Porto Alegre. E a realidade que se descortinou no Brasil a partir de 2013 mostrou que é preciso ficar alerta à expansão de pensamentos e atitudes fascistas.

Meu pai, o dramaturgo e diretor de teatro Ronald Radde, nasceu em 1942 em uma família tradicional de ascendência germânica que morava na Vila Ouro Verde, distrito do município de Cambará do Sul. Lá, os casamentos ocorriam somente "entre alemães". Mudou-se para Porto Alegre quando tinha 7 anos, depois que o pai dele ficou desempregado, e cedo começou a trabalhar em uma feira para ajudar em casa.

Em 1961, participou do Movimento da Legalidade, a impressionante mobilização que o então governador Leonel Brizola desencadeou no Rio Grande do Sul, a partir do Palácio Piratini (sede do Executivo gaúcho), a fim de garantir a posse de João Goulart na presidência após a renúncia de Jânio Quadros. Isso marcou a vida dele. Tornou-se brizolista convicto e fiel militante do PDT desde a fundação da sigla.

Teve vários empregos, incluindo doze anos como servidor concursado da prefeitura, até se desligar do serviço público em 1989 para se dedicar com exclusividade ao teatro.

Para espanto e indignação dos parentes, ele se casou no fim dos anos 1960 com a Tânia, mãe das minhas duas meias-irmãs, Karen e Márcia. Foi o primeiro da família a romper com a perpetuação de padrões duros e restritivos, enfrentando preconceito ao se unir a uma mulher negra. Era um progressista para o período e acabou rechaçado pela família. A situação, porém, atenuou-se com o nascimento das filhas.

Em 1968, a ditadura se agravou, culminando na publicação do Ato Institucional n. 5 (AI-5) em 13 de dezembro, mecanismo que deflagrou o período de maior repressão desde o momento em que os militares liquidaram a democracia no país em 1964. No mesmo ano desse endurecimento, meu pai fundou em Porto Alegre a Companhia Teatro Novo, que liderou por quase meio século, até 2016. No primeiro ano, montou a sua peça *João e Maria nas trevas*, que abordava a exploração de lavradores. A estreia foi barrada, mas sessões clandestinas driblaram a proibição. Alguns dos seus textos mais premiados e censurados são *Transe* (1970), *Apaga a luz e faz de conta que estamos bêbados* (1972) e *B... em cadeira de rodas* (1976).

Era um criador ousado e contundente. No período de exceção, encenava obras que denunciavam injustiças e desigualdades. O repertório começou a variar em 1974, quando incluiu peças para o público infantojuvenil.

Minha mãe, a pedagoga Suzana Maria Costa Guterres, foi a segunda esposa do meu pai. Ambos passaram a viver juntos em 1975, mesmo ano em que ela criou o projeto "A escola vai ao teatro", que apresentava espetáculos para alunos de colégios públicos e privados. As instituições de ensino recebiam um roteiro para o desenvolvimento de atividades curriculares e o projeto se consolidou, chegando a levar cerca de 80 mil crianças e adolescentes por ano ao teatro.

Meu pai nutria um sentimento de pluralidade para com o mundo. Racismo, por exemplo, é um debate que desde cedo acompanhei em casa. Devido ao fato de ele trabalhar com teatro, ainda criança me integrei ao ambiente cultural. Convivi com a diversidade própria desse meio: pessoas criativas, expansivas e irreverentes, artistas, escritores, dramaturgos, gays, atores e atrizes trocando de roupa no camarim... E olha que meu pai não era muito progressista; ele se mostrava até bem conservador em alguns aspectos, mas manifestava esse lado plural de quem dedicava a vida ao teatro.

Também teve uma atuação importante no Clube de Cultura de Porto Alegre, chegando a presidi-lo. A comunidade judaica o fundou em 1950 no bairro Bom Fim para abrigar atividades artísticas que não conseguiam acolhida em lugares tradicionais, além de manifestações culturais e políticas que estimulassem o pensamento crítico. Durante a ditadura, aquele se tornou um dos espaços de resistência na cidade.

Um fato ilustra a paixão do meu pai pelo teatro. Diante do agravamento da doença que o acometeu, síndrome de Guillain-Barré, deixou instruções bem claras para não cancelarem os espetáculos quando ele morresse. Faleceu numa quinta-feira, em 16 de abril de 2016. No fim de semana seguinte, os atores ocuparam o palco para honrar seu último desejo. Após a sua morte, o grupo que ele fundou ganhou novo nome: Companhia de Teatro Infantil Ronald Radde.

Minha mãe, como já mencionei, foi uma das fundadoras do Partido dos Trabalhadores em Porto Alegre em 1980. Naquela época, começou a trabalhar no Banco do Brasil e participava ativamente do Sindicato dos Bancários de Porto Alegre e Região (SindBancários). Ela completou 27 anos em outubro, eu nasci em janeiro de 1981 e pouco depois meus pais se separaram. Com isso, nem sempre ela tinha com quem me deixar quando precisava participar de atividades no partido ou no sindicato, então passei a conviver com cabeças interessantes, entre elas Olívio Dutra, José Fortunati e Clóvis Ilgenfritz, mais os companheiros bancários, como Mauri Meurer e Chavasco.

Naquele período, o sindicato contava com milhares de bancários sindicalizados. A intensificação da automação bancária ainda não havia começado, então as agências precisavam de muitos trabalhadores para atendimento ao público. Ao mesmo tempo, privatizações e programas de demissão voluntária ainda não tinham atingido os bancos públicos. Eram anos intensos, de muita movimentação e luta, e minha mãe se posicionou na linha de frente dessa trincheira.

E, como criança é uma esponja, passei a absorver a riqueza que pautava os debates e a mobilização de um partido que nascia comprometido com os trabalhadores, com a representação popular e com o ideal utópico de um mundo melhor, assim como com a tenacidade de uma categoria profissional organizada e mobilizada por dignidade e melhores condições de trabalho.

Que período incrível. O PT tinha filiados, apoiadores e força. Os militantes acreditavam no projeto transformador de um país que aprendia a viver em democracia. Acomodavam no ombro a bandeira de tecido vermelho, com uma estrela amarela no meio, e andavam orgulhosos pelas ruas. Havia um broche que ilustrava isso: no centro do círculo, aparecia a palavra "optei" com as letras **pt** em destaque.

Os comícios viravam festa, celebração política na frente da prefeitura de Porto Alegre ou no Largo Zumbi dos Palmares, localizado no limiar do Centro com o bairro Cidade Baixa. Quando o animador do ato ou algum orador inflava a massa, caramba, que coisa bonita. Todos erguiam suas bandeiras e agitavam as hastes de um lado para outro, um conjunto de coreografias individuais que, somadas, transformavam em ondas o espaço sobre as cabeças. E as crianças, rente às pernas dos pais eufóricos, olhavam para cima e se viam no meio de uma ventania que estufava os panos vermelhos e tremulava a constelação amarela.

Na minha adolescência, lá pelos 13 ou 14 anos, aconteceu algo curioso no meio dessa efervescência política. Meu pai sabia que desde cedo eu acompanhava minha mãe nas atividades do partido e do sindicato. No entanto, ele odiava o PT, odiava mesmo, chegando a acusá-lo de partido fascista. Hoje, considero engraçada a ira do velho brizolista, mas, na época, isso me atormentava. Ele ficava tão preocupado que resolveu me municiar com informações, então me deu o livro *Fanatismo e movimentos de massa*, de Eric Hoffer. Foi meu primeiro contato com algum material que teorizasse o assunto.

O fascismo se tornou formalmente um tema de estudo para mim durante a graduação em História na Universidade Federal do Rio Grande do Sul (UFRGS), de 1999 a 2004. Nesse processo, foram fundamentais as aulas da Claudia Wasserman, do Enrique Serra Padrós e do Luiz Dario Teixeira Ribeiro. Eles debatiam com os alunos ditadura, nazismo e novos movimentos fascistas.

A especialização em História Contemporânea que fiz na Faculdade Porto-Alegrense (Fapa) em 2004 e 2005 era basicamente sobre esse assunto. Depois, no Centro Universitário Ritter dos Reis, cursei Direito (2010-2014), conquistei o título de mestre em Direito (2015-2016) e, mais uma vez, voltei a discutir fascismo.

Em 2013, a realidade apresentou dados empíricos que sustentaram tópicos da teoria que eu já conhecia. Naquele ano, eclodiram manifestações de rua em Porto Alegre e, depois, por várias cidades do país. O que se processou a partir daí foi determinante para que eu me debruçasse com mais afinco no tema.

No início, a motivação era protestar contra o aumento das passagens de ônibus – pauta clássica da esquerda, que de pronto tentou organizar a gurizada. Um episódio em São Paulo, no entanto, alterou o que vinha em curso. A Polícia Militar oprimiu de maneira contundente os manifestantes, e a partir daí a violência das forças de segurança se transformou no alvo.

Nos dias que se seguiram, à turma que protestava se acoplaram pessoas com ódio e que passaram a caminhar sem rumo definido e contra muita coisa, incluindo os partidos políticos.

Protestos tomavam as ruas todas as semanas, e os manifestantes começaram a ser chamados de baderneiros. Virou um movimento de escala nacional que desembocava em quebra-quebra. Ao ódio generalizado, se somaram pautas específicas, entre elas a contrariedade à realização da Copa do Mundo no Brasil. A gurizada da esquerda achou legal a maneira como tudo acontecia, afinal não rolavam decisões verticalizadas e ficavam de fora os partidos políticos e sua burocratização para tomada de decisões.

Na época, eu cursava Direito e participava de um grupo de pesquisa sobre direitos humanos. Debatíamos se o pessoal deveria usar máscara ou não nas manifestações para preservar a identidade e a ação dos Black Blocs, entre outros pontos. Para alguns professores, o que víamos nas ruas configurava horizontalidade nos processos e decisões, uma tendência que surgia. Consideravam reflexo da Primavera Árabe. Daí contrapus: "Posso estar muito enganado, mas, para mim, isso tudo é fascismo".

Os sinais estavam dados. Uma massa amorfa, todo mundo na base do ódio, ninguém falava nada com nada, não se conseguia um mínimo de racionalidade, apenas raiva contra o poder – no caso, a esquerda. Comecei a me incomodar com tudo isso.

Pancadarias e quebra-quebras deflagravam uma confusão generalizada nas passeatas, gerando imagens apresentadas em destaque nos telejornais e em redes sociais. Colocavam fogo nos contêineres de coleta de lixo e quebravam vitrinas de bancos.

A Polícia Militar prendia e apreendia um monte de gente e levava todos para fazer registro nas delegacias, então a Polícia Civil começou a organizar plantões a fim de dar conta da demanda. Eu queria entender o que se passava, ouvir os manifestantes detidos, por isso me voluntariei para trabalhar nesses plantões.

Minha curiosidade persistia fora do trabalho, então eu conversava com conhecidos alinhados à esquerda que participavam das passeatas e perguntava: "Tchê, pra onde vocês estão indo? O que estão fazendo? O que querem?". Ninguém apresentava resposta coerente. Alegavam que era "contra tudo isso que está aí, a situação, o sistema, a roubalheira".

O que testemunhei nos plantões reforçou meu espanto. Os detidos não se assemelhavam em nada. Um rapaz recém-saído do Exército, o cabelo ainda com corte militar, filho de diplomata, vestido de milico – olha que figura –, queria botar fogo no maior jornal do Rio Grande do Sul e odiava a presidente Dilma Rousseff e o governador Tarso Genro. Um autointitulado anarquista acompanhava esse cara sem qualquer direção, pretendendo apenas quebrar o que encontrasse pela frente.

Ficou claro que as pessoas rumavam para um brete sem saber o que faziam. Caminhavam pela cidade destituídas de argumento racional, movidas por um ódio difuso e pelo sentimento de pertencimento a uma massa acéfala que, justamente por isso, podia ser cooptada ou usada.

Ódio ao *establishment* e ao sistema, naquele momento representado pela Dilma. Ódio à esquerda, em especial ao PT, mas também à direita. No entanto, a direita acabou engolindo tudo e virou pelo avesso os grupos mais progressistas. Daí se transformou em um movimento que uma gurizada supunha coordenar, sem perceber que vários P2 (policiais militares que trabalham na seção de inteligência da corporação) se infiltraram para criar confusão que geraria desgastes e uma profusão de imagens impactantes.

A massa amorfa de 2013 acabou apropriada pelos golpistas, que se valeram do impacto das manifestações para sustentar o *impeachment*. A Dilma e o PT perderam o apoio popular. O PT sofria ódio pelo simples fato de existir.

Cada manifestante detido falava uma coisa diferente, me deixando tenso. "Isso é fascismo", eu alertava os meus colegas, mas eles não entendiam muito bem o significado disso. E daí em diante tudo piorou.

O surgimento de uma liderança fascista não acontece sem descontentamento popular, que ocorre antes de ela ser alçada, pois precisa de um espaço aberto com base nas queixas da massa, que começa a ficar violenta. Assim o fascismo se estruturou após a Segunda Guerra Mundial, quando havia milhões de pessoas na miséria e ressentidas.

Esse descontentamento se alastrou nas ruas e na mentalidade dos brasileiros. Nas manifestações, exigiam aceleração de melhorias em saúde, educação e segurança. Os índices de criminalidade alcançaram patamares consideráveis, gerando medo. A classe média se mostrava cada vez mais ressentida, alegando que pagava muito imposto e recebia pouco em troca, e não aceitava que universidades públicas e aeroportos deixassem de ser nichos dela. E, em outro quadrante, quem tinha escapado da miséria ainda era pobre.

Responsabilizam degenerados pela corrupção, acusação típica de fascistas, que bradavam a necessidade de moralizar tudo. Foi a partir desse cenário que chegamos ao desastroso governo Bolsonaro, detentor de uma capacidade assustadora de destruição de instituições e processos que vinham consolidando a democracia no país.

No Brasil, sempre existiram abismos sociais, concentração de renda e uma casa-grande desejosa de manter a senzala à disposição. A classe média, em termos populacionais, não é a mais expressiva, mas econômica e politicamente detém uma voz mais retumbante. Na reeleição da Dilma em 2014, impressionava a força com que emergiram vários ódios: de classe, aos pobres, às cotas e aos negros. Para ser mais exato, essa repulsa sempre houve, mas, naquele momento, tornou-se descarada. Esse ódio todo alimenta as ideias fascistas.

A classe média se sente poderosa e acredita que possa alcançar os muito ricos. Crê na meritocracia, se não tiver obstáculos como impostos e cotas. É contra a taxação de grandes fortunas, como se essa possibilidade estivesse minimamente perto dela. Considera um absurdo taxar helicópteros e lanchas.

O Brasil é muito despolitizado. Falta consciência de classe e percepção nas pessoas que não conseguem enxergar como são nem o espaço que ocupam na sociedade e na economia. Então, sempre acabam cooptadas pelos detentores do poder econômico, e isso influencia no aspecto político-eleitoral. Quem tem mais dinheiro interfere na maneira como a classe menos favorecida pensa e vota, usando desde pequenos gestos até aqueles mais expressivos, como o patrocínio a determinados programas e personagens que povoam o mundo midiático.

Um antídoto a isso tudo seria uma revolução na educação, com investimentos gigantes em formação em todos os níveis. Como nada disso é feito, as consequências são vastas.

Na minha atividade policial, deparei com os efeitos da educação precária. Trabalhava com investigação de homicídios e no meu mestrado pesquisei esse tema. Concluí que os fatores decisivos para definir as vítimas da amostragem – negros, em sua maioria – eram a escolaridade, ou seja, ter até o quinto ano do Ensino Fundamental, e a condição socioeconômica. No que tange à autoria dos crimes, esses dados não mudavam muito. Claro que há a questão de gênero e cor da pele, mas o grau de instrução se revelou mais determinante.

Os perfis de presos, vítimas de homicídio e homicidas são muito similares, na média da criminalidade mais recorrente, que é urbana e ligada ao tráfico de drogas. A baixa escolaridade faz as pessoas não acessarem debates e conhecimentos que estimulam o senso crítico. Aprendem a ler e escrever minimamente e a fazer alguns cálculos. Assim, são jogadas em empregos de baixa remuneração, com carga horária elevada que deixa pouco espaço para reflexão, lazer e leitura.

Quem precisa entrar em um ônibus às 5 horas para ir trabalhar e ao fim do dia chega em casa cansado no máximo vai escutar rádio, ver televisão ou ir a uma igreja. Cria-se um ciclo em que o sistema faz com que as pessoas não consigam refletir, mesmo na classe média. E os meios de comunicação têm influência grande, porque instituem um pensamento único.

Os oligopólios midiáticos agravam a situação, pois um mesmo grupo detém rádio, televisão, jornal e portais. A internet pode oferecer alternativas, mas sem impacto relevante. A elite nacional traça um discurso e quem consegue romper a bolha são as pessoas que já tinham uma visão mais crítica. E as igrejas que se multiplicam por todo o país, ancoradas em esquemas e estruturas que se assemelham aos de uma empresa, alimentam a lógica da intolerância e se entranham na máquina pública, atentando contra a natureza laica do Estado brasileiro.

Muita gente progressista embarcou em 2013 e acordou apenas em 2016, no *impeachment*, quando comecei a observar ações mais estruturadas e típicas do fascismo. Um exemplo é o fato ocorrido em um posto de gasolina no município de Canoas (RS). Dois homens abordaram uma dupla de haitianos que trabalhavam no local e gravaram a ação com um celular. Indagaram por que eles tinham emprego se muitos brasileiros se encontravam desempregados. Falaram ironias e frases que constrangeram os frentistas, principalmente depois que o vídeo viralizou.

Esse episódio já evidenciava a lógica desses grupos. Eu percebia a forma como se articulavam, só não imaginava que chegariam ao governo.

CARTOGRAFIA DAS TATUAGENS

4.

Diversas tatuagens cobrem meus braços. A primeira que fiz, em 2017, remete à atividade policial. Todas as outras, realizadas durante cerca de seis meses em 2019, derivam da minha relação com o budismo e o *aikido*: cachorro, pinheiro, bambu, cerejeira, flor de lótus, Buda, orquídea, *enso*, *sangen*, onda, roda do *dharma*, *asanoha*, nó infinito, nuvem, figueira e lua cheia.

As imagens escolhidas representam princípios que busco praticar na vida e formam uma cartografia particular que incorporei à identidade que construo. Com elas, pretendi evidenciar a minha essência, além de destacar conceitos que encampei e sugerir como reajo a certas situações e me articulo.

Parece que elas sempre estiveram em mim. Chego a me esquecer delas, pois naturalizei todas a ponto de não se sobressaírem mais. Ao mesmo tempo, quando preciso, voltam a se tornar salientes não apenas pelo fato óbvio de que se encontram bem à vista, mas pelo que me lembram. A vida é um aprendizado constante e, se em determinadas circunstâncias preciso retomar o que persigo e pretendo ser, recorro às tatuagens que tingem de preto a pele. Olho, penso, reflito. Assim me reconecto ao que acredito.

Escolhi o Gabriel Contreiras para me acompanhar nesse processo. O primeiro risco ele fez no topo do braço direito, na parte mais interna. Eu havia recém-concluído o Curso de Operações Táticas, com duração de 215 horas e que forma alguns dos policiais mais especializados da corporação. Poucos terminam, devido às dificuldades. Entusiasmado com esse marco da minha trajetória, decidi tatuar algo que remetesse à conquista. Quase todos os meus colegas fizeram o mesmo. Compartilhávamos o orgulho próprio de quem vence um treinamento pesado.

Essa tatuagem indica pertencimento ao grupo cujo lema é "fidelidade e honra" e tem o escorpião por símbolo, devido à agressividade e à intimidação características do animal.

Quem chega ao final ganha um número. Eu sou o escorpião 25. Esses dois elementos mais o lema compõem a tatuagem, que se completa com um raio de três traços – símbolo das operações táticas, significa surpresa, ação de choque e velocidade – e o louro da vitória.

Para as outras tatuagens, planejei o que pretendia eternizar em cada braço. Continuei no direito, de cima para baixo, em sequência à de número 1. Todas que fiz a partir daí resultaram da minha prática budista. A começar pelo cachorro, que também se relaciona com o universo policial. Uma história que motivou a escolha é originária dos Estados Unidos e trata da diferença entre o lobo, a ovelha e o cão pastor.

A ovelha alude à sociedade civil, pessoas desatentas ao mal e que se revelam surpresas quando confrontadas com ele, pois não sabem lidar com a violência. O lobo encarna a criminalidade, a violência, e persegue a ovelha. É o predador que reconhece a fragilidade dos mais fracos convertidos em presa. Por fim, o cão pastor, que, embora violento, não ataca o rebanho – pelo contrário, age para protegê-lo do lobo.

O cão pastor é um híbrido. Tem características muito próximas às do lobo, desde a aparência até a forma de agir, mas sem a prática da violência como padrão. Na representação desses personagens, é associado ao policial.

As comparações são interessantes porque a ovelha teme não apenas o lobo, mas também o cão pastor. Na realidade, o policial se encontra em uma fronteira difusa entre a criminalidade e a legalidade, dois mundos antagônicos.

No budismo, *koan* é uma pequena narrativa com afirmações, diálogos ou questionamentos pouco claros à razão e que contribuem para a elevação espiritual do praticante. Um desses textos, bastante conhecido, indaga se um cachorro tem a natureza búdica ou não. Sobre esse questionamento os praticantes do budismo refletem.

Como o cachorro se vincula a dois universos tão importantes em minha vida, escolhi uma imagem desse animal. Na sequência, tatuei três espécies do reino vegetal relacionadas ao budismo: pinheiro, bambu e cerejeira.

O sentido do pinheiro é precioso, porque ele cresce corretamente apenas se estiver cercado de outros da mesma espécie. Se a árvore vive sozinha, o lento percurso do seu tronco em direção ao céu não ocorrerá de maneira retilínea. Ela precisa de uma floresta. Isso remete ao *sangha*, que significa agrupamento ou comunidade. É uma das três joias budistas (as outras são o Buda e o *dharma*, que é a doutrina).

Assim como o pinheiro necessita de mais árvores para se erguer, atravessar sucessivas estações, alcançar a longevidade e, dessa forma, sua casca se tornar grossa e lenhosa, as pessoas precisam de uma comunidade para crescer.

O bambu é admirável em sua rigidez e flexibilidade. Antes de o broto eclodir, durante cinco anos as raízes crescem sob a terra, gerando uma trama maciça na base. Isso permite que ele ceda, envergue, adapte-se à força que o desafia sem quebrar. Pode haver a mais severa das tempestades, mas ele não se abate, como se dançasse perante a inclemência dos ventos, retornando depois à sua postura original. É o que se chama de humildade digna.

O desenvolvimento do bambu nos ensina a sermos persistentes e pacientes e a respeitar a ancestralidade. O caule cresce em módulos, um a um, de maneira que os primeiros a nascer chegam antes às alturas. E a floração não acontece sem que ele complete várias décadas, podendo ultrapassar cem anos, a depender da espécie.

Se o pinheiro e o bambu remetem à longevidade, ao tempo que se estende, a flor da cerejeira ilustra o princípio básico do budismo: a impermanência, o caráter passageiro da vida e da beleza. A florada ocorre com os galhos ainda desprovidos de folhas. É intensa, uma sucessão de pétalas delicadas e pequenas que se avolumam e anunciam a primavera e o nascimento de um novo ciclo.

A flor de lótus é um símbolo clássico não apenas do budismo, mas de várias religiões orientais. Uma planta aquática forte, cujas raízes se fixam no fundo do lodo e atravessam a lama para florescer. Comprova que, mesmo a partir da sujeira, é possível surgir algo bonito. Conforme os ensinamentos budistas, ela simboliza o nascimento divino, assim como o crescimento espiritual e a pureza.

Uma lenda conta que nos lugares onde Buda deu os primeiros passos nasceram flores de lótus.

Falando nele, o próximo item que apresento neste roteiro pelas tatuagens dos meus braços é a representação do Shakyamuni Buddha, também chamado de Buda histórico, Sidarta Gautama ou simplesmente Buda. Personagem central do budismo, acredita-se que nasceu no século 6 a.C. Impossível haver exatidão em sua biografia, e existe uma prevalência de histórias e lendas que cercam sua vida e seu legado.

Mais uma flor estampada em meu braço: a orquídea, vinculada ao efêmero, à beleza, ao amor. Não é das mais citadas no budismo, mas escolhi porque gosto bastante dela, do seu erotismo. Esse entendimento também era de Robert Mapplethorpe, autor de uma série de fotografias de orquídeas dotadas de uma carga erótica peculiar e instigante. Eu cultivava várias em casa, mas meus cachorros liquidaram quase todas. Sobreviveu apenas uma, por estar fixada em uma bergamoteira, ficando inacessível para o apetite canino.

O símbolo do karma, ou nó infinito, representa causa e efeito. Suas linhas interligadas e fluidas não têm começo ou fim, pois a existência sempre se renova e todos os fenômenos do universo se relacionam entre si.

E concluindo a descrição das tatuagens do braço direito, explico o *enso*, um círculo que não se fecha em si mesmo, como se estivesse inacabado, uma pincelada que não chegou ao final, o universo em movimento. Por ser um traço incompleto, simboliza a imperfeição, o vazio – mas isso não é negativo, porque devemos lidar com a imperfeição. Também remete à vacuidade, à impermanência, pois é um ciclo que começa e se encerra, o princípio e o fim.

Agora vamos ao braço esquerdo. Começando por uma tríade de formas muito disseminada no

Oriente e, por motivos que já explico, no Ocidente. O *sangen* (triângulo, círculo e quadrado) vincula-se ao budismo e ao *aikido*, a arte marcial que pratico. No Japão é muito comum.

Muita gente que vê essas formas em minha pele faz associação ao PlayStation, embora o logo do console tenha um elemento a mais, o X. Mas pouco importa, e acabam achando que sou aficionado por games.

No *aikido*, as três figuras representam os conceitos da arte marcial fundada por Morihei Ueshiba, que dizia: "A única maneira que encontro para explicar o *aikido* é desenhar um triângulo, um círculo e um quadrado", as três proporções mais perfeitas da geometria.

O fundador descrevia o *aikido* como uma conexão do triângulo, círculo e quadrado. No entendimento dele, o triângulo funciona como a raiz desses elementos porque, quando em movimento, forma o círculo. E o quadrado representa dois lados opostos que, ao mesmo tempo, estão juntos, em um estado de controle.

E ainda há outra associação que não tem nada a ver com minhas motivações, mas desperta o entusiasmo de quem assistiu à série *Round 6*, da Netflix. As três formas aparecem em cartões, uniformes e ambientes dessa obra de ficção.

Voltamos à natureza, agora com o mar em movimento. Nós somos ondas do oceano. As pessoas tendem a pensar que elas morrem na praia e se extinguem, mas apenas desaparecem, restando a água, que era o elemento que constituía a onda. Na verdade, todos somos oceanos, e o que fazemos permanece; temos a mesma essência. A onda não existe por si só; ela integra algo muito maior, que é o oceano.

Uma das imagens a que mais recorro para me reconectar comigo mesmo e com o que acredito é a roda do *dharma*. Oito raios compõem esse símbolo, um para cada preceito do budismo, indicando o caminho que conduz à iluminação: compreensão correta, postura mental correta, modo de falar correto, ação correta, modo de vida correto, esforço correto, atenção correta e concentração correta. Estes foram os primeiros ensinamentos que Buda transmitiu aos seus discípulos. Temos que segui-los para chegar à iluminação, ao caminho correto.

O *asanoha*, representação gráfica das folhas do cânhamo (maconha), é um padrão muito usado no Japão e em tatuagens com temáticas orientais. Tem a ver com o budismo por causa da fibra dessa planta, que sugere boa sorte, proteção, resistência e fortaleza. Significa também que tudo está interligado (causa e efeito, vida e morte, por exemplo).

Isso lembra o princípio do efeito borboleta: tudo o que for feito gera uma repercussão.

A impermanência, principal preceito budista, aparece em mais uma das minhas tatuagens: a nuvem. Assim como a vida, elas passam.

E por fim, para encerrar o mapeamento, duas imagens que tratam da iluminação de Buda: a lua cheia e a figueira. Acredita-se que o satélite da Terra estava em sua fase plena quando Buda nasceu, alcançou a iluminação e morreu. E a iluminação, em particular, ocorreu sob a copa de uma figueira.

Ao finalizar este percurso pelas tatuagens, fica evidente o quanto incorporei o budismo à minha vida. Tem gente que nem o considera religião, mas uma visão de mundo, uma filosofia. Por não ser conversionista, aceita que seja praticado até por quem professa outra religião. Então, mesmo que porventura um dia eu abandonasse o budismo, seguiria praticando seus preceitos, que fazem sentido até se os analisarmos racionalmente. Trata-se de certezas, fatos. Não há como negar a impermanência das coisas, por exemplo. Por isso, não tive dúvida quando decidi transformar meus braços em um mosaico da iconografia budista.

As minhas tatuagens, como se percebe ao final desta apresentação, são várias, suficientes para cobrir os meus braços. Isso acabou criando uma referência em relação a como sou visto: a camiseta preta que tem estampada em amarelo a palavra "antifascismo" e os braços tatuados. Essa combinação logo é associada a mim pelas pessoas que me conhecem ou já me viram. Durante a pandemia, eu podia estar de máscara, boné e óculos escuros, mas com frequência alguém me reconhecia e vinha falar comigo.

A imagem do Buda costuma ser a mais comentada, mas pouca gente a entende; pensam que a escolha se deve a uma questão estética. Gostam muito também do cachorro, mas essa figura é mais difícil de ver, porque fica menos aparente.

Penso em cobrir as costas com mais tatuagens, mas por enquanto é só uma pretensão.

MUITO PRAZER, SOU O POLICIAL LEONEL RADDE

5. Se a única profissão que a minha mãe não queria que eu seguisse era a de policial, pode-se concluir que ela tinha aversão a essa carreira. Mesmo assim, depois de trabalhar como ator e me graduar em História e Direito, prestei concurso e ingressei na Polícia Civil do Rio Grande do Sul, tornando-me algo que dona Suzana repudiava.

Dito assim parece grave, mas felizmente ela acabou aceitando a escolha. Quando fui aprovado no concurso, ela ainda estava viva, porém o câncer que teve lhe subtraiu a possibilidade de me ver empossado. Lamento que ela não acompanhe a trajetória que trilho. Saberia o quanto me realizo sendo policial e da minha convicção de que é possível fazer uma carreira comprometido com valores democráticos e direitos humanos.

Meu pai também não era amistoso em relação aos policiais. Ambos fizeram resistência à ditadura e consideravam os agentes de segurança inimigos de pessoas que defendiam ideias democráticas.

Com o fim do regime instalado em 1964, os policiais mantiveram a doutrina e os regramentos estabelecidos durante o período ditatorial. Tornou-se comum ouvir relatos de excessos e abusos cometidos por integrantes das corporações. Por tudo isso, era fácil compreender a contrariedade dos meus pais com a ideia de ter um filho policial, mas um fato ocorrido comigo havia ampliado a repulsa deles.

Eu tinha 14 anos e, mesmo morando em Porto Alegre, integrava a Torcida Jovem do Flamengo. Um amigo pouco mais velho, com 17 anos, resolveu pichar algo alusivo ao time em um muro na avenida Aureliano de Figueiredo Pinto, perto de uma estação dos bombeiros, e o acompanhei, ficando à espreita para avisá-lo se nos flagrassem. O cuidado não impediu que policiais militares nos abordassem de maneira truculenta. Chegaram batendo e nos levaram para a 1ª Delegacia de Polícia e, depois, para a antiga Delegacia de Menores (Dipame).

Apanhei bastante dos policiais militares na rua e dos civis na Dipame. A violência contra meu amigo foi mais intensa, provavelmente por ser negro, e as ofensas racistas que ele ouviu corroboram a hipótese. Não seria exagero classificar como tortura o que sofremos. Perdi as contas de quantos tapas na cara levei. Se respondia ao que perguntavam, tapa. Se não falava nada, apanhava também. Levaram-nos para uma sala escura, onde gritavam para nos aterrorizar mais. Algo descabido.

Hostilizaram e desrespeitaram a minha mãe, chamada à delegacia para me buscar. Não economizaram ofensas e xingamentos, de vagabunda para baixo. Indignada com os excessos, tentou registrar um Boletim de Ocorrência na primeira delegacia para onde nos conduziram. Chegamos à meia-noite e saímos às 7h. Ficamos largados numa sala, onde um inspetor entrou para bradar que nos moeria a pau se fosse o responsável pelo caso.

Precisei fazer exame de corpo de delito na presença de um policial militar que acompanhou todo o procedimento. O médico questionou se fomos agredidos. Antes, porém, o PM tinha alertado que, se contássemos da surra, enxertariam alguma coisa em nós – droga, por exemplo – para agravar a situação.

O pai do meu amigo, um senhor negro e pacato, se encontrava na 1ª DP pelo mesmo motivo. Sem nada que justificasse tal atitude, o policial bateu na mesa e partiu para agredi-lo. Precisou ser contido por um colega. Esbravejando, revelou que integrava o Departamento de Ordem Política e Social (Dops) e que acabaria com a vida daquele homem tão assustado quanto nós. Eu sabia o que era o Dops. Minha mãe falava em casa sobre o papel nefasto e letal que seus agentes desempenharam durante a ditadura. Então, pensei que o cara não estava blefando.

O caso foi encaminhado para a Corregedoria, órgão que investiga crimes e infrações administrativas praticados por policiais civis, mas não aconteceu nada e acabou arquivado.

Eu e meu amigo, depois de tudo o que passamos, ainda precisamos pintar o muro com cal.

Essa experiência deu mais motivos para minha mãe repelir a carreira policial como alternativa para mim, além dos que já tinha desde a ditadura.

Nunca cogitei me tornar policial, então preciso contar alguns fatos da minha vida para elucidar como decidi ingressar na Civil.

Em 2001 comecei a praticar *aikido*, uma arte marcial japonesa recomendada pela Organização das

Nações Unidas (ONU) para corporações policiais por ter uma lógica de não violência. Com ela, a pessoa se defende sem ferir o adversário. Dediquei-me bastante e obtive a faixa preta em 2006.

O meu *sensei* (mestre) começou a treinar capitães da Polícia Militar, guardas municipais, agentes da Fundação de Atendimento Socioeducativo e seguranças do Trensurb (trem urbano que liga Porto Alegre a cinco municípios), e eu participei desses cursos como instrutor auxiliar. Isso ocorreu entre os meus 24 e 27 anos. A convivência com esses profissionais me fez observar mais atentamente a carreira policial, percebendo a importância dela e que há muita gente boa cumprindo a função, mas não cogitei segui-la porque a remuneração era baixa.

Nos dois governos Lula (2003-2010), a realidade se alterou. As polícias Federal e Rodoviária Federal, por exemplo, receberam melhoria salarial. Naquela época, lançaram muitos concursos públicos, então considerei interessante a possibilidade e comecei a estudar para as seleções enquanto cursava Direito. Já era formado em História e trabalhava auxiliando meu pai em sua companhia de teatro, mas me afastei em 2010 para estagiar na Secretaria da Segurança Pública, na qual lidava com estatísticas de homicídios e suicídios.

Por causa do treinamento de *aikido* em que eu auxiliava e do estágio, fiquei próximo do universo da carreira policial e passei a gostar dela, em especial da parte operacional, porque se você consegue agir diretamente na sociedade, obtém uma resposta efetiva. Essa combinação teve influência na minha decisão de me inscrever nos concursos para escrivão e inspetor da Polícia Civil em 2010. Fui aprovado em ambos, ficando em primeiro lugar no de escrivão, que acabou sendo a minha escolha porque não havia distinção entre as duas funções.

Um fato traumático, ocorrido em 2007, também contribuiu para que eu optasse por virar policial. Chegava em casa com o carro do meu pai, acompanhado de minha ex-mulher – na ocasião, ainda estávamos casados – e minha filha, então com 6 anos. Estacionei e desci para descarregar um computador. Vi dois homens se aproximando e intuí o que aconteceria, sem chances de me livrar do perigo iminente. Eles nos abordaram, apontaram uma arma para minha filha e levaram o carro. Naquele momento, me senti impotente diante de uma violência que colocou em risco minha família. Uma covardia, ameaçar uma criança com um revólver. Isso ficou reverberando em minha cabeça e eu não queria que acontecesse mais, sentimento que reforçou o meu interesse pela carreira.

Em 2010, vivíamos um contexto de mudanças estruturais sobre a visão de segurança pública. Isso começou no início dos anos 2000. Os concursos da área passaram a exigir formação superior dos candidatos, os salários melhoraram e investiu-se em equipamentos. Diminuiu-se o estigma que as polícias carregavam, então muitos jovens ingressaram com uma cabeça mais aberta, ao contrário do pensamento habitual entre os agentes antigos.

A Federal se encontrava no auge durante o governo Lula, quando se acreditava na possibilidade de uma polícia mais democrática. Em outubro de 2012, a Polícia Militar gaúcha implantou a Patrulha Maria da Penha, destinada "a atender especificamente os casos que a Lei Maria da Penha considera violência contra a mulher, em razão da vulnerabilidade e hipossuficiência de gênero ocorrido em âmbito doméstico ou familiar", conforme informado no site da corporação. Houve melhorias técnicas e o debate sobre direitos humanos avançou nas corporações. Alcançou-se outra visão sobre polícia, mas depois isso se perdeu.

O meu ingresso na Polícia Civil seguiu um processo do qual discordo. Defendo a carreira única, com apenas um cargo de entrada, sendo o delegado o ápice da trajetória. Esse novo sistema, se vigesse, estabeleceria que o policial passasse por uma série de cargos até chegar ao ápice.

Ao redor do mundo, policiais entram em um sistema de carreira única e depois avançam com progressões internas. A divisão em dois níveis para ingresso é uma peculiaridade do Brasil, onde as polícias Civil, Militar e Federal são compartimentadas. Na Civil e na Federal, inicia-se como agente ou delegado; na Militar, como praça ou oficial. Pode-se dizer, em outras palavras, que se começa obedecendo ou mandando.

O sistema em voga gera um problema grave na corporação policial porque provoca desmotivação, estresse e desordem. Em muitos casos, o primeiro emprego de um concurseiro é de delegado ou oficial, sem nenhum tipo de experiência prévia, apenas porque teve condições para estudar e se preparar para as provas.

A função dos delegados e dos oficiais é sobretudo de gestão. Eles administram corporações, batalhões, delegacias, setores e departamentos, por exemplo. O mais comum é que a idade deles no começo do serviço seja equivalente ao tempo de serviço de policiais da ativa que comandarão. Jovens de 25 anos administrarão policiais com 25 anos de carreira que, por mais que sejam qualificados e dedicados, tenham atuação exemplar e façam cursos, sempre ficarão subordinados aos superiores que entraram por outra porta.

Isso desmotiva, principalmente os da base, que chegam a ganhar seis vezes menos do que os gestores e têm a perspectiva de que, mesmo trabalhando por trinta anos, dia e noite, nunca alcançarão o topo.

Não há explicação lógica para o sistema de duas portas de entrada. A Polícia Rodoviária Federal tem carreira única e é a melhor do Brasil, extremamente competente – mesmo com déficit de efetivo – e exemplar em termos de gestão. Ainda assim, as outras corporações não adotam a carreira única por corporativismo das castas mais altas. A propósito, é importante destacar que uma eventual mudança não alteraria a carreira dos que já estão nos cargos. Os antigos sempre estariam à frente dos que ingressassem sob novo regramento.

O sistema vigente no Brasil ainda cria um nicho de poder que se descola do contingente maior. Como delegados e oficiais totalizam um número menor, negociam vantagens com o governo com mais facilidade, garantindo que agentes e a tropa continuarão exercendo as suas funções. Praticam uma lógica corporativista de manter o *statu quo*, apesar de ser negativa para a sociedade e todo o sistema de segurança pública.

Por fim, a carreira única qualificaria ainda mais o efetivo, porque aumentaria a competitividade do concurso, selecionando quem realmente pretendesse seguir a carreira policial. Muita gente estuda para ser juiz, promotor ou defensor público, mas não consegue, então faz seleção para delegado e consegue aprovação. Existem competentes delegados e oficiais que não tinham o objetivo de se tornar policiais, pois almejavam a área jurídica. Isso é tão comum que há delegados que tinham a pretensão de transformar a sua carreira em jurídica, dissociando-se da polícia, mas o Supremo Tribunal Federal (STF) já eliminou essa possibilidade.

Apesar de discordar do atual sistema, por meio dele conquistei a felicidade de ingressar na corporação. Depois de aprovado no concurso, tive uma formação de seis meses na Academia de Polícia Civil.

Quase sempre trabalhei na rua, na parte operacional, investigando. Comecei na 20ª Delegacia de Polícia, situada na Vila Cruzeiro, onde permaneci de 2010 a 2015. Depois fui chamado para a Divisão de Homicídios, especificamente a 1ª Delegacia de Homicídios, na qual fiquei de 2012 a 2015, até assumir o mandato na Câmara de Vereadores de Porto Alegre.

Em 2017, concluí o curso de Operações Táticas, responsável pela formação de alguns dos policiais mais especializados. Para a minha turma havia 124 inscritos, dos quais 24 começaram e 10 concluíram – um deles, eu. Foi pesado. Muita pressão, privação de sono e de alimento, humilhação e treinamento intenso. Quem finaliza fica apto a agir nas situações mais extremas que a PC enfrenta. Eu me tornei o 25º policial a integrar o grupo.

Quase tudo o que diz respeito à atividade da Polícia Civil eu fiz. Fui plantonista, tendo contato direto com a população; depois, fiquei no cartório, que é a parte mais burocrática, realizando oitivas e requerimentos para o Judiciário. Na investigação, montei operações, algumas de grande porte. A cada semana participava de duas a três, incluindo arrombamento de porta e cumprimento de mandado. A Homicídios é bastante operacional e realiza várias prisões, e, como sempre fui impetuoso, eu me posicionava na linha de frente. A única coisa que não fiz foi trabalhar em secretaria de delegacias, que é uma função mais administrativa.

Sempre alinhei meu posicionamento político à esquerda, mas, mesmo assim, não tive conflitos internos quando decidi entrar na polícia. Considerava que seria uma maneira de atuar positivamente na sociedade. Além disso, a PC tem muito menos confrontos com movimentos sociais, em comparação com a PM.

Quando ingressei, meus colegas eram plurais. Muitas mulheres e negros. Formações nas mais diversas áreas. A minha turma na academia compunha-se de pessoas graduadas em Direito, Letras, História, Artes Plásticas, Geografia, Educação Física e Fisioterapia, entre outros cursos. Diversidade de experiências e cabeças arejadas, mas isso mudou.

Antes de me tornar policial, desde 1999 era filiado ao PT, mas passei a ter vida partidária apenas em 2016, quando me candidatei a vereador. Virar político não era um objetivo, como atesta o espaço de tempo entre minha filiação e a primeira candidatura.

Em 2014, último ano de mandato do governador Tarso Genro (PT), vivia-se um clima ótimo na polícia, por causa da valorização da categoria que ocorreu nessa gestão. No pleito seguinte, com a vitória de José Ivo Sartori (MDB), foi tudo pelo ralo.

No plano nacional, a Operação Lava Jato, deflagrada em março de 2014, intensificou o antipetismo. Dentro da minha corporação, a maioria dos integrantes considerava indefensável apoiar um partido vinculado à corrupção, e nesse pacote colocavam toda a esquerda.

Entre o primeiro e o segundo turnos da eleição estadual, em outubro de 2014, eu cumpria um plantão na 20ª DP. Despertei de uma cochilada, em seguida meu expediente acabou e, antes de sair, acompanhei algumas notícias na televisão, entre elas uma pesquisa indicando Sartori posicionado bem à frente de Tarso.

Eu temia o retorno do MDB ao governo, devido às políticas do partido em relação aos servidores públicos. Daí pensei: *O que posso fazer?* Eu distribuía panfletos, mas era pífio o impacto. Então, tive a ideia de gravar um vídeo que mudou a minha vida completamente e me levou a entrar para a política.

Estava indignado. Na gravação, citei o que Tarso fez para valorizar os policiais em seu mandato e lembrei que Sartori representava privatizações e ataque ao serviço público. Publiquei o vídeo no meu perfil no Facebook, saí do plantão e fui para casa dormir. No outro dia, quando acordei pela manhã, o vídeo já tinha mais de 200 mil visualizações. Cheguei a pensar que era erro do contador. Foi impressionante.

Depois de uma semana, o delegado com quem eu trabalhava contou que participou de uma reunião na Associação dos Delegados de Polícia chamada pelos seus colegas apoiadores do Sartori. Um *tablet* passava de mão em mão, para que todos vissem o meu vídeo. Queriam descobrir quem eu era. Quando chegou ao meu chefe, ele informou que se tratava de um membro da sua equipe.

Os integrantes da reunião exigiam punição, mas não encontraram acolhida. O titular da delegacia onde eu estava lotado disse que não faria nada, pois não havia identificado ato ilícito. E, além do mais, a Constituição prevê liberdade de expressão. No entanto, ele me alertou de que iriam me perseguir e prejudicar. Aconselhou que eu ficasse atento.

Esse grupo reacionário veio para cima de mim como uma patrola. Consideravam que eu poderia ser uma ameaça dentro da corporação. Todo policial mais progressista e que assim se posiciona acaba sofrendo a mesma perseguição que enfrentei.

Em 2015, percebi rearranjos internos na corporação. Ficava nítida a divisão dos policiais com o surgimento de grupos mais reacionários, em maior quantidade, e outros progressistas. Estabeleceu-se uma disputa de poder, e isso desencadeou minha ida para a política.

Sartori ganhou, fiquei desanimado, mas a vida seguiu. Em 2015, ele assumiu o governo e logo começou a cortar horas extras e material, entre outras ações que afetaram o serviço público.

A cada medida que eu lia nos jornais, reproduzia a notícia e fazia um texto comentando. Tipo: "Sartori está destruindo a polícia", "Sartori está acabando com o serviço público", "Sartori está atacando os professores". Promovia um debate político na minha rede social, em defesa do serviço público.

Em fevereiro de 2015, uma criança se acidentou e não teve transporte aéreo de emergência porque o Sartori desativou esse serviço. No mesmo dia, ele se deslocou de helicóptero para uma feijoada em Torres, município no litoral norte do Rio Grande do Sul, e publiquei um comentário sobre isso.

Em abril, fui comunicado sobre a abertura de uma sindicância direcionada a mim. O número dela era 1 de 2015. Ou seja, me tornei o primeiro policial que o governo decidiu investigar naquele ano. Pensei: *Do que se trata?*

Eles monitoraram minhas redes sociais 24 horas por dia. Em nenhum material crítico usei símbolos ou uniforme da polícia, mas, claro, no meu perfil havia fotografias de operações das quais participei. Então eles misturaram tudo, como se eu fizesse os comentários respaldado em minha condição de policial.

Enquadraram-me em todas as transgressões possíveis do estatuto da Polícia Civil. Reclamei nas redes sociais, e eles abriram um segundo procedimento porque contestei o primeiro. Fui punido, mas depois reverti a decisão no Conselho Superior de Polícia.

A gota d'água das perseguições ocorreu em 2015, quando algumas delegacias ficaram sem papel para impressora. Numa noite, circulou em grupos de WhatsApp de policiais que uma equipe de plantão não conseguiu trabalhar devido à falta do material, então fiz uma publicação dizendo que a PC foi construída à base de muito esforço e o Sartori estava conseguindo destruí-la em menos de um ano.

Um delegado governista pediu a fonte da informação e ameaçou levar o caso aos superiores hierárquicos. Uma hora depois, colegas avisaram no grupo que entregaram papel na delegacia, então apaguei a minha publicação.

Um dia meu pai caiu em casa e não conseguia se levantar porque ficou sem mobilidade nos membros superiores e inferiores. A esposa dele me chamou e o levei para o hospital. No fim de 2015, teve diagnóstico de síndrome de Guillain-Barré, uma doença autoimune que o deixou tetraplégico. Foi intubado e ficou em coma, e eu solicitei férias para assisti-lo.

Quando retomei as atividades, logo que cheguei à delegacia a secretária soube por um telefonema que eu passaria por uma sindicância. Pela janela, observei a aproximação de uma viatura ostensiva, com giroflex. Desceram dois policiais fardados e todo mundo estranhou a situação. Pararam na minha frente e largaram o documento relativo à sindicância sobre a mesa. Perguntei o motivo. Disseram que foi a publicação a respeito da falta de papel.

Fiquei umas duas horas olhando para o nada, não suportando a ideia de enfrentar tudo aquilo de novo. Isso me deprimiu. Percebi que não teria saída na polícia. Não havia clima, o cerco estava se fechando. Fez-se um climão na delegacia, como se pensassem: *Mais uma do Leonel*. E me isolaram. Nem os colegas mais progressistas me apoiaram, com medo de represálias. Meus detratores não tiveram consideração nem com o meu pai, hospitalizado na UTI. Tudo muito desumano. A instituição contra mim, sendo que eu a estava defendendo.

Informei-me com o sindicato sobre afastamento para acompanhar familiar. Impossível seguir naquela pressão, então me licenciei. Ao mesmo tempo, a sindicância corria.

Por colegas, soube algumas informações do caso. A única forma de me punir era provar que eu havia mentido. Na noite do episódio, às 23h fiz a minha publicação e às 23h10 o delegado me interpelou. Na sequência, ele falou com o delegado regional responsável pela DP em questão. O próprio chefão regional foi até uma delegacia em que havia papel sobrando, pegou o material e o levou aonde estava em falta. Assim, podiam alegar na sindicância que eu havia faltado com a verdade.

Queriam me ferrar mesmo. Meu pai morrendo e eu lidando com esse horror. No meio do turbilhão de sensações, dores, angústia e impotência, pensei em me candidatar para vereador em 2016, período que antecedeu o *impeachment* da Dilma e de muito ataque aos trabalhadores. Isso me daria três meses de licença para a campanha e a oportunidade de me expressar de maneira livre. Precisava muito bater verbalmente nos caras que me perseguiam. A questão nem era vencer, mas falar o que quisesse.

Reuni-me com o presidente do PT municipal e apresentei minha pretensão. O partido homologou a candidatura, entrei em licença e promovi uma campanha extremamente contundente, com deboche e vídeos satíricos.

Perdi por pouco mais de cem votos. Em alguns dias, enquanto distribuía panfletos, chorava me lembrando da minha mãe. Se estivesse viva, eu não estaria sozinho na campanha. Se estivesse comigo, ela conseguiria cem votos na garra. Muito mais, na verdade. A jovem que enfrentou a ditadura, a bancária que defendeu sua categoria, a sindicalista que ajudou a fundar o PT, essa mulher, a minha mãe, iria para a rua conquistar votos para o filho. Eu sabia, sentia isso, e mergulhava nesse pensamento para não esmorecer. Chorava, mas em seguida retomava a luta, pois é assim que a minha mãe faria.

Quando reassumi minhas funções na Homicídios, pronto para entrar em ação, descobri que tinha sido designado para fazer ocorrências de trânsito, o que significava uma grande geladeira para um policial da linha de frente, que atua em operações complexas e perigosas. Disseram que seria por duas semanas. Foram dois meses.

Em 2018 concorri de novo, dessa vez a deputado estadual. Não havia pior momento para a polícia, com o bolsonarismo a 300 quilômetros por hora e impregnado na alma da maioria dos agentes. Basicamente, a polícia abraçou o candidato do horror. O ambiente ficou tenso, então comecei a receber recados bem diretos, um deles no dia em que retornei ao trabalho, depois de mais uma vez perder a eleição. Na porta da minha sala, encontrei um papel afixado. Nele, escreveram "Dops". O mesmo Dops cujos horrores cometidos por seus agentes minha mãe relatava. O mesmo Dops ao qual dizia ter pertencido o policial que queria aterrorizar o pai do meu amigo.

Fotografei e publiquei no Instagram, comentando que tinha sido bem recebido na delegacia. Vocês já devem imaginar o que aconteceu: outro processo administrativo. Eles não perdiam tempo.

Meus colegas bolsonaristas me detonavam sem a mínima consideração. Atravessei 2019 inteiro com a possibilidade de ser demitido. Perdi duas promoções. Ambiente péssimo no trabalho. E como eu era operacional e ia para a rua, o clima ficava tenso. Imaginem eu no meio de policiais armados, sabendo que muitos esbravejavam contra mim em qualquer ocasião.

Com a troca de governo, aos poucos a situação arrefeceu. Em 2015, a Corregedoria nitidamente era partidária, ligada ao governo Sartori, e me perseguia, queria minha cabeça. Quando Eduardo Leite assumiu o governo em 2019, nomeou para a PC uma cúpula mais arejada, que acabou me protegendo. A chefia de Polícia se tornou mais democrática, dizendo que eu era um excelente policial e que não interessava o que fazia fora da corporação.

O número de seguidores de minhas redes sociais cresceu a partir de 2019, quando Bolsonaro deflagrou seu projeto fascista e passei a repercutir como voz de oposição. Naquele ano e em 2020, os canais da Polícia Civil passaram a receber uma enxurrada de denúncias contra mim. Qualquer ataque que eu dirigia a Bolsonaro, chamando-o de miliciano e fascista, por exemplo, alguém da extrema direita denunciava, porque essas pessoas não entendiam como um policial poderia ser de esquerda.

A Corregedoria adotou uma nova postura, respondendo que não interessava o que se referisse à política. Antigamente não era assim. Hoje, querem lidar com corrupção e desvio de função, por exemplo.

Eu não tinha trégua. A ultradireita tentava me silenciar a qualquer custo. Cheguei a chorar na frente da minha diretora, de tanta injustiça que havia nas acusações.

Poucos policiais nutriam simpatia por mim, mas, ao mesmo tempo, alguma coisa se transformou em 2019. Colegas diziam que se sentiam mal por terem me xingado e criticado. Ainda que tardiamente, admitiam que eu estava certo. Reconheciam que Bolsonaro havia traído os policiais e que o governo do Estado nos ferrava. Por fim, começavam a ver com bons olhos a possibilidade de, em 2020, ter um candidato da base da polícia.

POLÍCIA NÃO PODE SER MONOPÓLIO DA DIREITA

6. Por ser policial, enfrento dificuldades com a turma da esquerda, que considera impossível ombrear com um agente de segurança. Tenho minhas críticas a esse pensamento, embora compreenda as ressalvas; afinal, a polícia trabalha para a manutenção do *statu quo* de um estado burguês e capitalista promovendo ações como confrontar movimentos sociais.

A situação não alivia com o pessoal da direita, para quem é inconcebível um policial alinhado ao campo oposto e, absurdo maior, que ainda se diga antifascista. Entendem que eu e meus colegas de profissão deveríamos estar do lado deles, compartilhando ideias e agindo com alguns excessos, desde que direcionados a qualquer sujeito ou grupo que destoe da pauta que pregam.

A primeira das rejeições me incomoda bastante, pois pertenço à mesma turma que promove algum grau de rechaço contra mim. A segunda até me diverte, mas requer que eu sempre tenha atenção e esperteza. O descontentamento com minha posição motiva não apenas críticas, mas ataques que culminam em ameaças de morte. Por vivermos em um mundo doente e violento, não posso desprezar esses sinais.

Sei dos limites da minha figura pública e que o número de meus seguidores em redes sociais não atinge escalas gigantescas. Mesmo assim, sou considerado uma ameaça por grupos de direita que me acompanham e monitoram. A consequência é que tentam me calar porque temem até onde posso confrontar as ideias e ações deles.

Não conseguem me compreender e isso dá um nó na cabeça deles. Na atividade policial, uso roupa tática e sou agente operacional que avança na linha de frente, situações valorizadas pelo imaginário bélico, machista e violento da porção mais agressiva da direita. Quando abro a boca, no entanto, se surpreendem porque digo que estão errados e disparo críticas contundentes.

A figura do policial herói e guerreiro é muito apreciada pelo pensamento machista, que, a propósito, não é exclusivo da direita, mas é potencializado por ela. Não pode se mostrar sensível, nem dizer que passa dificuldades. Não pode reclamar do salário porque policial é vocacionado para a profissão. E boa parte das pessoas que buscam essa categoria persegue uma lógica de empoderamento, andar armado, ser viril. Há ainda uma visão conservadora, que não é exclusiva dos policiais, mas que adquire contornos específicos entre eles, de defender a manutenção da ordem, coibir manifestações, acreditar que quem reclama demais não espera o bem do país.

Precisamos quebrar o discurso de que a polícia é um monopólio do campo reacionário e iniciar o debate sob outro viés que não o de combater e até mesmo negar a corporação – perspectiva que, aliás, alguns policiais assumem, não conseguindo dialogar com a categoria, pois consideram que a polícia só erra, mas, mesmo assim, continuam trabalhando nela. Entre os policiais antifascistas há vários exemplos desses.

No meu caso específico na Polícia Civil, percebo um movimento interessante que é de reconhecimento do trabalho que venho desenvolvendo. Claro que os fascistas me criticam, ofendem e agridem, mas outros me consideram viável como colega e representante da categoria. E quando esse diálogo começa, a extrema direita se desestabiliza, embora o impacto ainda seja pequeno porque parte apenas de mim, vereador em primeiro mandato.

Em termos de alcance, minhas redes sociais não chegam nem aos pés das mantidas pela extrema direita, porém causam desconforto porque podem, por meio de pequenos movimentos, ameaçar o discurso hegemônico que ela vende para a sociedade: a polícia é nossa, a esquerda é corrupta, nós somos a ordem, a segurança pública é nossa.

Em nível nacional, há exemplos de policiais de esquerda, como o senador Fabiano Contarato, do Espírito Santo, mas eles se elegeram dentro da lógica da direita, como um candidato meio neutro, sem tratar de maneira enfática das questões próprias das forças policiais. Contarato é gente boníssima, fora de série. Era delegado e se elegeu com base em pautas da segurança e de defesa da família. Muita gente de direita provavelmente nem sabia que ele é gay e de esquerda, até porque o seu partido na época, a Rede Sustentabilidade, não tinha isso demarcado. Em dezembro de 2021, filiou-se ao PT.

Contarato tem trabalhado muito mais em torno dos direitos humanos. No meu caso, entro na pauta corporativa e isso mexe com a base. O meu discurso começa a avançar, e a extrema direita precisa lidar com a possibilidade de perder a exclusividade sobre o imaginário dos policiais.

Bem ou mal, sou muito parecido com os representantes da direita, no que se refere à aparência, e isso ajuda a embaralhar a cabeça deles. O fato de eu ser policial homem, de classe média, branco, hétero e cis. A forma de falar, a maneira de me portar. Eu ainda utilizo símbolos nacionais, como a bandeira do Brasil, em meus pronunciamentos em redes sociais. No plenário, sempre vou de terno e gravata, o que contraria o costume de algumas pessoas da esquerda, que evitam certa formalidade. No dia a dia não ando assim, visto camiseta, mas no plenário crio uma imagem e isso surte efeito.

Eu me camuflo no meio e no fim surpreendo porque não penso como a direita, que acaba desestabilizada. Um vereador do campo oposto ao meu, com o qual mantenho bom relacionamento, me relatou o que um amigo dele falou sobre mim. Não me conhecia e sua primeira impressão foi que eu pertencesse ao PSDB ou ao Novo. Daí ouviu meus pronunciamentos e se surpreendeu por eu ser "totalmente de esquerda".

A direita fica desorientada porque, embora as minhas características sugiram que eu seja do time deles, inclusive minha atuação policial, no fim faço um discurso de tensionamento com o que eles defendem. Destaco que o policial é um trabalhador, dialogo com a corporação como um operário, proletário.

Reconhecem que sou da base e, portanto, tenho um tipo de acesso aos policiais que eles talvez não consigam porque são empresários e latifundiários, por exemplo, que gostam de falar sobre polícia e vociferar "policiais são heróis". Mas daí eu digo: "Só um pouquinho, não tem essa de herói. Vocês nos metem ferro, não defendem aumentos salariais para a categoria e agora querem bajular". Os policiais com cargos elevados também encontram dificuldade de acesso à base, porque não atuam em prol da categoria.

Por me acharem parecido com eles, embora não tenha nada a ver, o pessoal da direita fica à espreita até para me levar para o seu lado. Quando o PT defendeu a quarentena para policiais que quisessem concorrer a mandatos políticos, fiquei estremecido e fiz uma publicação dizendo que repensaria a minha situação, pois me sentia expulso do partido. Logo recebi convites para me filiar ao PP, PSD,

PTB e Solidariedade, siglas com as quais não tenho afinidade política, mas por ser policial e, naquele momento, estar descontente com o PT, consideraram a possibilidade de me conquistar. Isso porque sempre bati muito nos caras, mas o primeiro intuito deles ao constatarem meu descontentamento foi tentar me levar para o seu lado.

Pô, não conhecem a minha história mesmo. Se eu saísse do PT, é quase certo que largaria a política, pois não passaria de novo por tudo o que enfrentei. No máximo iria para o PCdoB ou o PSOL. Não haveria alternativa além desses dois. Qualquer outro partido seria uma violência contra mim. Fiquei espantado ao ser procurado por representantes de legendas em que eu bato todo dia.

Quando aparece um policial de esquerda, que faz discurso classista e corporativista, mas ao mesmo tempo debate pautas mais progressistas dos trabalhadores, isso vira um problema para a direita porque confronta o poder discursivo dela.

A direita precisa silenciar os policiais de esquerda para que eles não provoquem reflexão dentro da corporação, e a cúpula não mede esforços para abafá-los. Há muitos policiais progressistas, de olhar mais crítico, que adoecem, pedem demissão, se suicidam ou caem no alcoolismo. Isso é comum, porque, cada vez que levantam sua voz (quando se posicionam ou defendem o direito à paralisação, por exemplo), alguma represália acontece, como não serem promovidos ou virarem alvo de uma sindicância.

A direita não pode aceitar que representantes da corporação com viés progressista estejam dentro do jogo político institucional representativo. Isso significaria uma quebra do monopólio muito forte, e a direita correria o risco de ver enfraquecida sua ascendência sobre uma de suas principais pautas, um dos seus principais pilares.

Em 2014, gravei um vídeo defendendo a candidatura do Tarso Genro ao governo do Rio Grande do Sul pelo PT, destacando o que ele fez em benefício dos policiais quando comandou o Estado (2011--2015). O material viralizou, indignando delegados que não aceitavam um policial falando a favor da esquerda. Temiam que isso prejudicasse a campanha de José Ivo Sartori, do MDB, que se projetava para ganhar no segundo turno com cerca de 20% de vantagem sobre Tarso.

Isso resultou em perseguições ao longo de 2015. No âmbito da polícia, enfrentei três sindicâncias, justamente em um período difícil do ponto de vista pessoal, porque meu pai estava morrendo.

Nas oitivas – que é como nós, policiais, chamamos os depoimentos – realizadas, as perguntas eram mais ou menos assim: Qual é teu objetivo na polícia? Quem te financia? Qual é o teu deputado? Quem te instiga a fazer essas críticas? E havia conversas colaterais entre o delegado e o escrivão para me mandarem recados.

As classes policiais de delegados vão de primeira, para os novatos, até quarta, para quem está em final de carreira. Sindicâncias de agentes com poucos anos de corporação cabem a delegados de segunda classe, mas na minha colocaram um de quarta. Ou seja, havia vários recados diretos acerca do componente político na maneira como me tratavam e perseguiam.

Era 2015, e não dá para esquecer que em 2013 essa direita começou a se articular de forma mais clara. Em 2018, Bolsonaro se elegeu. Esse processo de perseguição pelo qual passei se insere nesse contexto.

Eu tinha direito a uma promoção, mas soube que o processo chegou à mesa do governador e foi vetado por influência de pessoas que não aceitavam a minha articulação política, mesmo tendo participado de uma das maiores operações da Polícia Civil de 2019, o que tornaria certo o avanço em minha carreira. São mensagens muito claras de intolerância ao tipo de militância que pratico.

As perseguições não se limitaram às sindicâncias no âmbito da Polícia Civil. Depois de eleito vereador, entre o segundo e terceiro mês de mandato, houve um pedido de cassação e Boletim de Ocorrência contra mim porque questionei vereadoras que participaram de manifestações antidemocráticas e pediram abertura do comércio durante a pandemia. Também passei a receber ameaças de morte. E o Ruy Irigaray, quando ainda era deputado estadual pelo PSL, denunciou no Ministério Público que eu era um líder terrorista. Em 22 de março, a Assembleia Legislativa cassou o mandato dele, por promover desvio de função de servidores de seu gabinete.

Esse conjunto de perseguições evidencia a baixa tolerância que a direita tem contra qualquer tipo de movimento mais progressista que, no meu caso, é a militância a partir da pauta da segurança.

A polícia será sempre usada quando se tentar uma mudança estrutural, sem praticar o jogo preestabelecido. Assim ela tem agido contra o Movimento dos Trabalhadores Sem Terra (MST), o Movimento dos Trabalhadores Sem Teto (MTST) ou qualquer movimento de ação direta, muitas vezes tratados como crime comum. Lembrando que crime comum é uma tipologia da legislação. Refere-se, por exemplo, a furto, roubo, corrupção e homicídio. Ao se tratar uma ação desse tipo como crime comum, retira-se o componente político dela.

Essa lógica é permanente na formação e no treinamento do policial e segue a legislação nacional que, majoritariamente, é sempre feita pela direita, mesmo quando os governos são de esquerda, porque quem define as normativas é o Legislativo.

No mundo todo é recorrente que a polícia tenha uma identificação maior com o pensamento de direita. No capitalismo, no entanto, ela é extremamente ligada à direita, que é a força dominante a pautar o Estado, em especial no que tange à defesa da propriedade. Há um viés estruturante da corporação que é patrimonial, de manutenção da ordem do estado burguês e capitalista. Os comandos são feitos e repetidos pelos governos, com espaços diminutos em que a esquerda ocupa o poder, quando tenta mudanças, mas com muita dificuldade, o que acaba gerando ruídos.

Roubo a banco e de veículos, por exemplo, são demandas fortes da sociedade. Não podemos aceitar esses tipos de crime, mas nitidamente a polícia atua com ênfase maior nessas pautas em relação a outras. Homicídio, por exemplo. Enquanto já havia um departamento especializado em roubo a banco dentro do Departamento Estadual de Investigações Criminais (Deic), demorou para se criar uma estrutura que tratasse especificamente de homicídios. A situação mudou em julho de 2013, quando uma lei estabeleceu o Departamento Estadual de Homicídios e de Proteção à Pessoa (DHPP).

Custou para se ter uma estrutura mais robusta na Polícia Civil do Rio Grande do Sul que tratasse de homicídios. Antes ela era muito defasada em comparação ao aparato que havia para investigar crimes patrimoniais. Afinal, na lógica que seguiam, a maioria dos que morriam era composta de negros, da periferia, ligados ao tráfico. Mortes que não causam comoção, ao contrário do que despertaria na sociedade o assassinato de um jovem branco, de classe média, em região central – ocorrência que provavelmente seria considerada latrocínio, ou seja, quando se mata para roubar, tendo uma natureza patrimonial.

De forma natural, a polícia, assim como o Judiciário e o Ministério Público, acabam tendo um viés de direita, mas não dá para esquecer que a instituição é uma coisa e o indivíduo que está dentro dela, outra. Ele pode reproduzir o que caracteriza a instituição, porque a sociedade majoritariamente segue essa lógica, ou adotar outra perspectiva. O policial não precisa se alinhar ao pensamento comum à corporação. Por isso é importante dialogar, furar a barreira – o que na realidade incomoda a direita.

A direita e a polícia também misturam movimentos sociais com criminalidade comum; e, nessa disputa de princípios e perspectivas políticas, o cidadão médio considera que roubar um banco com fuzil ou matar para roubar um carro é a mesma coisa que ocupar uma terra improdutiva ou ocupar um prédio de universidade pública para reivindicar creches ou moradias estudantis. Para eles, tudo é desordem, tudo é criminoso, então é preciso combater com o mesmo nível de violência. E a esquerda, por sua vez, é inábil para debater segurança pública.

Eu não estou dentro do debate sobre segurança pública na política representativa cujos efeitos sejam mais concretos. O que faço tem efeito colateral, porque os municípios têm suas responsabilidades em segurança, mas residuais, ao contrário do que ocorre em nível estadual, em que o governo incide diretamente sobre plano de carreira, estatutos e estrutura.

Mesmo no plano municipal, a direita fica muito baratinada quando se discute segurança. Um dos mandatos que mais causam incômodo para a extrema direita na Câmara de Vereadores de Porto Alegre é o meu.

Já tentaram cassar meu mandato duas vezes. Enfrento quatro processos, fora as agressões em redes sociais, nas quais vejo meu nome rolando em grupos neonazistas e de extrema direita. Mas, se causo tanto incômodo para a extrema direita, percebo que estou no caminho certo.

DESMILITARIZAÇÃO DA POLÍCIA

7.

Quando se discute segurança pública no Brasil, um tema que obrigatoriamente deveria constar na pauta é a desmilitarização da polícia. Trata-se de algo que abrange toda a sociedade, em especial as pessoas mais atingidas pela violência policial. No entanto, o debate fica restrito a especialistas, em razão da complexidade.

Na maioria dos países, a estrutura da polícia é civil, com característica ostensiva, hierarquia e divisões internas na carreira. E poucos, entre eles Brasil, Espanha, França e Itália, mantêm a polícia militarizada.

A militarização se traduz em uma lógica de guerra, de combate a forças invasoras, a agressores. Esse é o padrão básico que incide em treinamentos, técnicas e doutrina sobre como agir. O Exército trabalha a questão de guerra permanente. Quando leva isso para a força policial, fica estabelecido um esquema de "nós e eles". Os policiais combatem os agressores sem lidar com a perspectiva da sociedade, no sentido de cidadãos, em que mesmo o criminoso tem direitos. Em consequência, os agentes de segurança tratam o criminoso como um inimigo que precisa ser eliminado – e isso, a propósito, pode ser uma das causas para as altas taxas de letalidade das operações policiais no país.

A Polícia Militar, presente em todos os estados e no Distrito Federal, não foi criada durante a ditadura instaurada em 1964, mas o debate que nos cabe hoje se origina em 1967, em tempos de arbítrio, quando ocorreu a reformulação da estrutura das polícias e se chegou ao conceito de que a PM seria ostensiva.

Conforme esse modelo, há a polícia militar, cuja tarefa não são as investigações, e a polícia civil, responsável pela parte investigativa. As PMs são forças auxiliares do Exército, portanto este controla em parte as corporações estaduais.

Esse desenho, que garante ao Exército o controle das Polícias Militares – mesmo que sejam subordinadas às unidades federativas –, foi preservado na Constituição de 1988. Com isso, perdeu-se a chance de reformular o conceito e a estrutura das polícias estaduais, e as digitais dos ditadores permaneceram no ordenamento legal que define o papel dos agentes e das estruturas de segurança.

A Constituição manteve também a fragmentação, ou seja, uma polícia faz a parte ostensiva e outra, a investigação. Nesse modelo, nenhuma realiza o ciclo completo, situação em que a mesma polícia dá o flagrante, prende, investiga e faz o inquérito, caso lhe caiba essa última etapa, porque há um debate sobre se a polícia deveria apenas fornecer informações para o Ministério Público, sem realizar o inquérito.

Alguns especialistas defendem que as polícias sejam definidas por especialidades e realizem o ciclo completo. À PM, por exemplo, caberiam as ocorrências de menor gravidade (furto, roubo a pedestre, pequeno tráfico, lesão corporal etc.), próprias da rua e sobre as quais teria mais facilidade para incidir, pelo fato de seus policiais circularem nas cidades. E a Polícia Civil ficaria com os crimes mais complexos (estupro, homicídio, latrocínio, organização criminosa etc.).

Eu me alinho à ideia da fragmentariedade: polícias especializadas em determinados crimes e reforçadas com tecnologia e recursos. Poderia haver duas polícias executando o ciclo completo, sem uma passar por cima da outra, sem sombreamento.

Para isso, no meu ponto de vista, primeiro é preciso desmilitarizar, ou seja, fazer com que a PM deixe de ser força auxiliar do Exército e de seguir o regimento militar. Como é uma corporação de maior contingente e seguidora dos fundamentos das Forças Armadas, a tendência é que ela expanda o militarismo para todas as outras corporações de segurança. Não apenas as patentes militares, mas a estrutura de ação, a lógica interna.

Acredito que as polícias só funcionem mediante hierarquia e disciplina, mas quando se exacerba, a ponto de haver abuso moral e humilhação, isso acaba se voltando contra a própria sociedade, porque o policial vai para a rua e reproduz o que vivenciou no treinamento.

Dos vários aspectos que envolvem a desmilitarização da polícia, considero mais relevante o que trata do trabalhador da segurança pública. O PM não pode se sindicalizar, nem se manifestar ou reivindicar direitos e melhor salário. Tudo o que fizer nesse sentido pode se voltar contra ele, incluindo prisão administrativa. O caráter militar da polícia impede o trabalhador da segurança pública de buscar a garantia de seus direitos.

As Forças Armadas sempre tiveram influência direta na história do Brasil e vão se fixando dentro das polícias. Isso se verifica no fato de que a estrutura e o regramento das polícias ainda seguem o estabelecido durante a ditadura.

Também não houve uma comissão da verdade ou qualquer tipo de apuração efetiva sobre os agentes públicos, principalmente militares, que praticaram delitos durante a ditadura.

Isso tudo contamina as corporações. Os agentes, no caso da Polícia Civil, vão se aposentando, mas a dinâmica que remonta ao regime de exceção permanece nas instituições, nas práticas cotidianas. Vide os abusos cometidos no dia a dia.

A polícia não encampou a lógica da cidadania, mesmo que tenhamos uma Constituição pensada nesse sentido, repleta de direitos. O estatuto da Polícia Civil do Rio Grande do Sul, por exemplo, foi elaborado nos anos 1980, ainda durante a ditadura, e vige até hoje. Algumas coisas não foram recepcionadas pela Constituição, mas restaram aberrações. Torturar presos, por exemplo, é um crime de menor gravidade do que falar de autoridades constituídas do país.

É difícil projetar que ocorram mudanças substanciais nas polícias, de tão arraigados que esses modelos estão na sociedade, mas acredito que haja possibilidade. Para tanto, é necessário motivar a corporação, fazer os policiais perceberem a própria situação. Parte dos oficiais e os governos não têm interesse nisso, pois o modelo é benéfico para eles, que detêm poder.

O desafio é de grande monta porque não bastaria desmilitarizar apenas na legislação. É preciso reformular a estrutura de ação da polícia.

COMO ASSIM, UM POLICIAL DE ESQUERDA?

8. Até o momento em que eu ainda não tinha alcançado presença expressiva nas redes sociais, lá por 2016, poucas pessoas sabiam que eu era militante de esquerda e filiado ao PT. Desconheciam minha trajetória, que começou a ficar mais evidente em 2015, quando, aos poucos, fui conquistando relevância ascendente principalmente no Twitter e no Instagram.

Em 2018, o fator Bolsonaro se fazia muito evidente nas questões mais gerais do país e isso refletia no debate sobre segurança pública. Em 2019, a partir do trágico governo dele, o que eu falava passou a repercutir mais; afinal, tratava-se de um policial alinhado à esquerda, uma combinação que causava estranheza ao campo político no qual me inseria e atuava – à direita também, mas disso trato mais adiante.

Foi difícil lidar com a situação de perceber sentimentos refratários provenientes de pessoas com as quais me identifico ideologicamente e do partido ao qual me filiei. No entanto, não podia apenas lamentar ou me irritar com a situação. Era preciso entender a gênese desse processo de rejeição, algo relacionado ao comportamento agressivo e discriminatório que a minha categoria profissional construiu ao longo de sua história; uma identidade, inclusive, contra a qual me insurjo.

Se as forças de segurança são o braço armado que garante a perpetuação de injustiças, reprime movimentos sociais e protege os donos do poder, é necessário desconstituir esse papel nocivo. Não se trata de algo fácil, pois o Brasil se firmou como nação com base na violência promovida pelos governos em suas distintas formas e abrangências.

A violência é uma marca do Estado, desde os primórdios. Começa no descobrimento, passando pela colonização, pela escravatura, pela formação da República, pelos golpes, pelo terrorismo de Estado pós-64, pela criminalização da população negra, pelo extermínio de jovens negros, pelo abandono da periferia, pelo encarceramento em massa, pelo confronto com movimentos sociais e pelo combate a tudo que questiona a manutenção do capital e do poder nas mãos de uma casta.

A ditadura de 1964 – o que houve durante e o que persiste dela – contribuiu muito para que a tensão entre a esquerda e os policiais se mantivesse inerente ao cenário político. O sistema que rege as polícias no Brasil data de 1967, ou seja, foi concebido no período anterior ao pior momento do arbítrio, instaurado em 1968 pelo AI-5. Ficou definido que a Polícia Militar é ostensiva e força auxiliar do Exército. Com essa estratégia, a ditadura conseguiu controlar as polícias estaduais. Desde então, o Estado burguês capitalista usa, com naturalidade, a polícia como braço armado de repressão aos movimentos sociais e demandas populares.

No imaginário da esquerda brasileira, cristalizou-se o entendimento de que militares e policiais são inimigos. Eles sequestraram, torturaram e mataram. Invadiram casas. Fizeram desaparecer pessoas que até hoje têm seus restos mortais negados aos familiares. E sempre negaram a abertura de arquivos que ajudariam a elucidar episódios trágicos.

Em 1988, a primeira Constituição da redemocratização não reformou o regramento das polícias. Isso não foi debatido, nem outros assuntos importantes, como a carreira única para a entrada nas polícias, a desmilitarização da Polícia Militar e o ciclo completo, pelo qual as polícias poderiam trabalhar do início ao fim em seus inquéritos e investigações. Ficou mantida a preponderância da PM como uma polícia ostensiva, numa lógica de guerra.

Entramos na democracia, mas com uma polícia concebida na ditadura, e essa condição se propaga entre as gerações; não apenas no que se refere ao papel legal, mas também a questões subjetivas, que formam a cultura das corporações. Assim fica mantida uma lógica da ditadura em que comunistas são inimigos e movimentos sociais são formados por vagabundos, por exemplo. As palavras que definem o opositor podem ser mudadas, mas a essência que estabelece quem deve ser combatido é preservada.

O Estado é promotor da violência, mas ela também se dissemina no tecido social em razão de causas como pobreza, tráfico e ausência de serviços públicos em zonas periféricas. A combinação da ineficácia do poder público com a violência em suas diversas origens, mais o sentimento disseminado de insegurança, produzem um resultado desanimador e perigoso.

A polícia no Brasil tem pouca habilidade para atuar em tempos democráticos, e isso reflete na sociedade como um todo, que, farta da violência das ruas, espera das forças de segurança uma atitude mais próxima de vingança do que de justiça.

No entanto, o caminho deveria ser justamente o contrário. O professor Rodrigo Ghiringhelli de Azevedo, em uma entrevista para o Instituto Humanitas Unisinos (disponível no site da *Revista do Instituto Humanitas Unisinos:* www.ihuonline.unisinos.br), afirmou o seguinte:

> a única possibilidade de se enfrentar a violência e o crime em uma sociedade democrática é pela afirmação dos direitos humanos e pela produção de mecanismos policiais, e especialmente de justiça criminal, que atuem dentro da lei, que atuem de forma profissional, aplicando as regras de uma forma universal.

Se compreendo o histórico do Estado como agente promotor de violência e o papel das diversas polícias, consigo entender por que muita gente da esquerda não assimila a ideia de haver um policial dentro desse campo político. No entanto, preciso agir para que essa mesma esquerda coloque a segurança pública entre suas pautas prioritárias, admita a necessidade de reformular o papel das polícias e estabeleça uma estratégia para que os trabalhadores policiais não sejam política e ideologicamente cativos da direita e, em particular, da extrema direita.

A sensibilização dos policiais para pautas progressistas se apresenta como projeto de difícil e demorada execução, mas a minha condição peculiar e ainda incomum no Brasil acaba me gerando problemas com a esquerda, quando deveria ser o contrário.

Há elementos mais recentes que sustentam o fogo amigo que me atinge, além das questões que resumi anteriormente. Eles começaram a se desenhar a partir dos eventos de 2013. O que ocorreu naquele ano, em especial a atitude da polícia em relação aos estudantes e aos movimentos sociais, e em 2014, com a repressão das forças de segurança aos protestos que antecederam a realização da Copa do Mundo, agravou ainda mais a visão negativa que a esquerda tem dos policiais.

Ao mesmo tempo, havia gente da esquerda com forte presença nas redes sociais que passou a me perseguir à medida que minhas publicações ganhavam relevância e repercussão. Em 2019, me tornei alvo prioritário de *youtubers* e de um pessoal da área acadêmica que usa a internet para vender livros e cursos. Começaram ataques, sobretudo no Twitter e no Instagram, e qualquer coisa que eu comentava a respeito de segurança pública virava um debate bizarro que descontextualizava minha fala.

Faziam isso para gerar repercussão ao proclamarem que desmascararam o policial que se dizia de esquerda, afinal, segundo meus detratores, não existe policial antifascista. Tomando como sustentação a repressão direcionada aos manifestantes em 2013 e 2014, alegavam que todo policial é igual, toda polícia é fascista e, portanto, deve ser eliminada.

Atacavam não apenas a mim, mas aos policiais antifascistas também. O tempo todo partiam de uma lógica de cancelamento. Tudo o que eu falava virava um debate covarde porque era descontextualizado. Pegavam uma declaração minha, recortavam e, com base nisso, escreviam um textão, que, no final, passava a ser o que eu teria dito.

A estratégia ficou evidente e algumas pessoas com traquejo nos embates travados em ambiente digital, entre elas Rosana Pinheiro-Machado e Henry Bugalho, me mandavam mensagens alertando que quem me atacava aumentava o número de seguidores fazendo esse tipo de publicações. Os massacres ocorriam principalmente no Twitter. Mais gente de esquerda sofreu o mesmo tipo de ataque, mas o fato de eu ser policial me tornava um alvo mais cativo.

Para o campo da esquerda, considero relevante contar com um policial em suas frentes, mas isso se torna um problema para quem faz um discurso de lacração, pois não pode apresentar incoerência – e, para esses lacradores, é impossível um policial estar entre seus pares.

Mesmo quando entrei no PT, em 1999, já havia esse papo de "policial não". Essa visão consagrou-se quando o partido apoiou a proposta de reforma do Código Eleitoral que colocava policiais em quarentena caso pretendessem concorrer. Foi uma decisão de cúpula do partido, no âmbito da Câmara Federal, sem dialogar com a sua setorial de Segurança Pública.

Tentavam bloquear os policiais fascistas, além de juízes e promotores, pois temiam que a turma da Operação Lava Jato viesse com tudo em busca de votos. A Constituição, no entanto, já veda atividade político-partidária a juízes, promotores e militares. Policiais que não seguem o Código Penal Militar, ou seja, todos menos os PMs, são estatutários e seguem o mesmo regramento de qualquer servidor público, então essa argumentação não fazia sentido. Para justificar tal postura, os parlamentares do PT alegavam que a direita tomava conta dos policiais.

Entendo que a situação é complicada, pois a maioria dos policiais que ingressam na política tem viés fascista, mas não me venham com esse ranço. Um policial se difere de um juiz que tem muito poder. Um magistrado, assim como um promotor, é considerado órgão, e não servidor público. Trata-se de outro nível de influência e decisão do qual policiais nem chegam perto.

É complicado um partido defender a tese de que policiais não podem se candidatar ou ainda criar dificuldade para isso. Essa posição do PT é tão absurda quanto se a direita tentasse impedir a candidatura de integrantes de uma categoria da qual discordasse ideologicamente, como os professores. Isso reflete as muitas arestas do debate sobre segurança na esquerda. Os ruídos se constituem tão fortes que segurança pública é setorial dentro do PT, e não secretaria, o que seria um nível acima na escala de importância na estruturação da legenda.

O projeto que tramitava na Câmara Federal tornava inelegíveis militares, guardas municipais, integrantes das polícias Militar, Civil, Federal, Rodoviária Federal e Ferroviária Federal, magistrados e membros do Ministério Público que não tivessem sido exonerados ou tivessem se aposentado até cinco anos antes do sufrágio. O texto acabou barrado pelos deputados federais em 9 de setembro de 2021, mas em seguida, no dia 15, uma manobra regimental envolvendo o Centrão e o presidente da Câmara, Arthur

Lira, recolocou o tema em discussão após uma nova emenda propondo a quarentena, dessa vez em prazo menor, de quatro anos. A mudança foi aprovada com 273 votos a favor e 211 contra. O PT orientou seus deputados a aprovarem a quarentena, mas o deputado federal Paulo Pimenta contrariou a indicação. Ainda falta a votação no Senado para o resultado final.

O partido avançaria muito mais no debate em torno da candidatura de policiais se aprofundasse outros pontos, em vez da quarentena. O primeiro é que, no processo eleitoral, nomes políticos não deveriam ser precedidos por cargos. Major não sei das quantas, tenente não sei o que, professor isso, doutor aquilo... Quando se assume um posto eleitoral, não se continua exercendo a profissão.

O segundo ponto que o PT deveria discutir é o uso de redes sociais para apresentação de operações policiais com base em uma lógica sensacionalista que transforma criminalidade e ação das forças de segurança em espetáculo. Do ponto de vista das corporações, os canais oficiais é que deveriam se manifestar sobre as ações, limitando a exploração do tema por agentes de segurança que estejam interessados apenas em obter mais engajamento do público em suas redes.

Isso tem mais efeito do que a quarentena, que deveria ser cumprida apenas nos casos previstos na Constituição. Policiais militares seguem impedidos de concorrer enquanto persistir a subordinação deles às Forças Armadas. Isso, claro, gera outro debate, que é a desmilitarização da Polícia Militar.

O fato de a maioria dos deputados federais do PT defender a quarentena para policiais com pretensões eleitorais ilustra o quanto a esquerda nutre preconceito contra essa categoria de trabalhadores.

Alguns participantes do Núcleo de Acompanhamento de Políticas Públicas (NAPP) da Fundação Perseu Abramo, por exemplo, praticamente excluem os policiais dos debates, dando voz apenas para pesquisadores ligados a universidades. Menosprezam a práxis e a vivência cotidiana, tratam o policial como um ignorante. No máximo dialogam com oficiais ou delegados, a cúpula que, em tese, tem mais estudo, desconsiderando o fato de que justamente quem está no topo das carreiras age para manter uma estrutura falida.

Dessa forma, menosprezando a base da categoria policial e estigmatizando a todos como se não pudessem ser sensíveis às pautas progressistas, o PT e outros partidos de esquerda nunca conseguirão motivar e mobilizar os integrantes das corporações.

Vivemos em um Estado burguês, então policiais são treinados para compreender os movimentos sociais como inimigos porque, se houvesse simpatia, as coisas poderiam não sair tão bem para os governos que promovem políticas públicas de retirada de direitos.

Como essa lógica estrutura as forças policiais, elas colidem com o campo da esquerda, que geralmente confronta o Estado burguês e os governos. Isso não é exclusivo do Brasil. Em qualquer lugar do mundo, onde houver demandas populares ou de grupos contrários aos governos os braços armados entram no embate para defender a manutenção do poder.

A polícia é uma estrutura do Estado que atua de acordo com ele. Se o Estado for burguês, capitalista ou de direita, agirá para manter essa condição. Isso não quer dizer que os trabalhadores da segurança pública se confundam com a própria instituição e não sustentem demandas justas e paralelas à atuação deles. A maioria ganha mal e reivindica melhores salários, aposentadoria e plano de saúde, e a esquerda corta o diálogo com esses trabalhadores por considerá-los de direita.

A esquerda entra com facilidade em armadilhas como essa, daí vira rota de colisão, sem avanços, e perde ao deixar de contribuir. Há outras discussões que se esquiva de aprofundar, entre elas a legalização e descriminalização da produção e do comércio de drogas. Porém, esse debate precisa ser feito, já que a direita não quer. "Ah, mas vai perder espaço entre os evangélicos", costumam alegar. Mas a guerra contra as drogas é algo que notoriamente deu errado e até o mundo capitalista da direita já avançou nessa pauta. Canadá, Estados Unidos, México e Suíça, por exemplo. Nossos vizinhos uruguaios têm agora um governo de direita que nem pensa em tocar na política de legalização da maconha que foi implantada por uma coalizão de esquerda.

Uma boa e eficaz política de drogas refletiria muito na segurança pública, reduzindo o encarceramento, por exemplo. Isso não significa que quem vendesse ilegalmente teria a pena abrandada, mas sim que, com a legalização, o varejo nas esquinas seria reduzido e o encarceramento de massas diminuiria.

A esquerda também deve debater plano de carreira e estrutura interna das corporações, carreira única e desmilitarização, mas para isso precisa dialogar. Não adianta chegar com discurso acadêmico pronto se não alcança a base, porque a polícia é extremamente corporativista. Se não conseguir esse diálogo, não conquista nada com os policiais.

Reconheço que é muito difícil, mas há espaço. Existem vários policiais progressistas, em especial na Civil, mas eles não se expõem. Não querem participar dos debates porque a pressão é muito pesada e temem prejudicar suas carreiras. São poucos os que se colocam à frente.

O debate dentro das corporações também não é fácil. A direita considera que detém o monopólio da segurança pública, então tudo o que for dito ou executado deve carregar o viés dela. Não deixa de fazer algum sentido, já que a polícia realiza a manutenção do *statu quo* do Estado burguês. A ideologia da direita se cola mais facilmente na polícia, mas, quando se encontra em uma situação decisória em relação às corporações, enxerga o policial como um trabalhador igual aos outros, que deve ter direitos e salários reduzidos. A direita promove um discurso que valoriza os policiais, que os trata como heróis; porém, na prática, ataca os direitos mais básicos da categoria. No entanto, para manter determinado grupo sob seu comando, faz algum aceno, concessões, conseguindo assim manter o controle, sem ruptura.

Temos que saber dialogar com o outro lado. A esquerda ainda não conseguiu pautar nada para quem é de direita, como contraponto. A direita já. O que eu considero como tema possível de a esquerda discutir com a direita é a segurança. Se a esquerda tem como pautas prioritárias, por exemplo, direitos LGBTQIA+, negros, mulheres e indígenas, a direita tem a da segurança pública. E devemos incidir sobre eles também, contradizê-los.

A militância de extrema direita usa muitos argumentos *ad hominem*, ou seja, uma falácia informal apontada quando se pretende negar uma proposição com base em críticas ao autor, e não ao conteúdo. Seus ataques costumam ser dessa natureza. Por exemplo, se uma pessoa de esquerda defender a legalização das drogas e for universitária, principalmente da área de Humanas, o pessoal da direita vai chamá-la de maconheira. Ataca-se o autor, e não a ideia.

Uma estratégia da qual faço uso é causar problemas discursivos para a direita. Eu tenho características e ocupação comuns com as pessoas de direita, só que sou de esquerda e antifascista. Isso desestabiliza. Elas não entendem ou não aceitam. Como assim um policial militante de esquerda? Mas, claro, isso decorre de uma percepção minha que não é compartilhada por muita gente; esta é a estratégia que adotei: me parecer muito com o outro grupo e, por meio dessas características, tentar causar desconforto, desestabilizá-lo.

A esquerda não pode abdicar do debate sobre segurança pública. Ele é perene. Em uma sociedade complexa como o Brasil, sempre haverá necessidade de debater esse tema, e isso envolve discutir também distribuição de renda, educação e cultura. A esquerda, portanto, precisa tratar disso, até porque as corporações seguirão existindo. Se não nos apropriarmos desse debate e não tentarmos fazer das corporações espaços minimamente mais arejados, mais democráticos, isso pode desencadear mais uma vez – já que o Brasil tem uma democracia muito nova – governos com pouco espaço democrático.

A esquerda precisa dialogar com as forças policiais para que não seja tratada como inimiga, pois, se for assim, as corporações agem para eliminá-la. É uma questão de sobrevivência. Marielle Franco foi assassinada no Rio de Janeiro. Quem investiga? João Alberto Freitas, o Beto, morreu pelas mãos de um segurança do Carrefour. Quem investiga?

Se queremos punição para esses crimes, se queremos que autores de feminicídio sejam presos, isso passa pela polícia. Ela acaba responsável pela manutenção da defesa dos direitos humanos. Casos de pedofilia, LGBTfobia... a quem recorremos? À polícia, e esperamos resposta efetiva. Para tanto, os policiais precisam estar imbuídos do seu papel e da expectativa depositada neles para dar resposta ao campo da esquerda. A polícia é necessária. Talvez a que temos hoje não seja a ideal para esse propósito, mas não deixa de ser necessária.

ANTIFASCISTA COM OU SEM MOVIMENTO

9. Uma questão importante que surgiu na campanha de 2018 e passou a integrar de maneira marcante minha atuação política foi a luta contra o fascismo. Desde 2013, eu falava sobre fascismo com colegas mais abertos ao debate. Naquele ano, trabalhei no plantão policial organizado em todas as manifestações realizadas em Porto Alegre e comecei a identificar como fascismo a situação peculiar em que uma massa vagava pelas ruas de forma acrítica, baseada no ódio. Aquilo era típico da estrutura de caos à qual o fascismo se acopla e foi crescendo a cada episódio.

No início de 2017, conheci o movimento Policiais Antifascismo, que existia desde 2016. Li o manifesto do grupo, conversei com integrantes, considerei as pautas interessantes e encampei a ideia. Em 2018, durante a eleição de Bolsonaro, me assumi policial antifascista, porque tudo ficou polarizado e eu precisava tomar partido.

Antes se debatia o fascismo, mas o fenômeno ainda se processava em baixa intensidade, até ganhar envergadura na campanha. Pedi uma camiseta do movimento, me mandaram e passei a usá-la principalmente quando gravava vídeos.

Apliquei dois conceitos em meus materiais: a bandeira do Brasil e a camiseta do Movimento Policiais Antifascismo. Fiz isso porque os fascistas se apropriam dos símbolos nacionais e resolvi entrar na disputa, fixando a bandeira numa estante de livros atrás de mim, cenário onde costumo gravar os vídeos. E, ao vestir a camiseta, passava um recado bem claro sobre o meu posicionamento.

Desde 2016, eu alertava que a segurança pública seria uma das pautas determinantes da eleição seguinte e que a esquerda não investia em nomes nessa área, nem valorizava a pauta, então a direita iria deitar e rolar. Em 2018, o tema de fato dominou o debate e entrei forte na discussão. Paguei um preço altíssimo pela decisão, mas era o que tinha de fazer.

Em todo o país, apareceram vários candidatos coronel aquilo, delegado sei lá o quê, tenente qualquer coisa, todos crias do bolsonarismo. Havia um terreno fértil, pois a população abraçou o pacote que envolve segurança, medo e a ideia de que bandido bom é bandido morto. O circuito da barbárie se completou com candidatos policiais que cumpriam todos os quesitos do macho valente e armado prometendo limpar a sociedade.

A esquerda ficou centrada em pautas identitárias porque Bolsonaro é racista, homofóbico, transfóbico, machista e misógino. São pautas relevantes e urgentes, mas, ao terem sido priorizadas, o miliciano e seu time cumpriram sozinhos a corrida em torno da segurança. Não dá para esquecer que era mesmo um período delicado, com crescimento do número de homicídios em comparação com 2016.

Na minha primeira campanha, vesti uma camiseta que tinha estampada a frase "A gente precisa de segurança!". Com ela, tentava atrair pessoas para conversar sobre um tema do qual a direita se apropriou. Não usava uma cor que pudesse remeter à esquerda, porque a ideia era me aproximar daqueles menos afeitos à nossa linha e mostrar que também pensamos em segurança pública. Algo meio Dom Quixote, mas tentei de alguma forma e paguei um preço altíssimo dentro da minha corporação.

A eleição se encerrou no domingo e na segunda-feira retornei à delegacia, mais uma vez derrotado, encontrando a placa do Dops mencionada anteriormente. Depois disso, durante um ano ficaram analisando a abertura de um processo administrativo devido a uma ação que realizei contra um fascista no Parcão, apelido do Parque Moinhos de Vento, local que se tornou referência para as manifestações de bolsonaristas em Porto Alegre.

Essa nova perseguição partia de um vídeo que fiz, que viralizou na campanha de 2018 e segue repercutindo. O Felipe Diehl invadia diretórios acadêmicos da Universidade Federal do Rio Grande do Sul (UFRGS) armado. Vestindo camisetas do Bolsonaro, atrapalhava palestras de temática feminista ou de outros temas defendidos pela esquerda, mandando as pessoas calarem a boca. Também perseguia estudantes e pessoas LGBTQIA+. Sobre mim, disse que eu pertencia à banda podre da polícia, por defender direitos humanos, e que deveria ser "sua mulher".

Uma das estratégias dele era identificar atividades do pessoal da esquerda e, no mesmo local e hora, organizar uma ação paralela, instigando o confronto. Baseava-se em provocação. Então, para dar uma lição nele, escolhi uma de suas manifestações, quando distribuiria material do Bolsonaro no

Parcão – melhor lugar impossível. Fui lá e gravei um vídeo interpelando-o, questionando suas atitudes e o que disse de mim. Falei alto, mostrando que não me intimidava. A ideia era desmoralizar um indivíduo que andava armado em eventos feministas, intimidava estudantes e utilizava as redes sociais para fazer ameaças. Como eu previa, o verme se acovardou diante da minha interpelação.

Ele registrou um Boletim de Ocorrência contra mim e, por causa disso, durante um ano o Conselho Superior de Polícia ficou avaliando se eu teria utilizado o meu cargo para fazer a abordagem. Deixaram-me um ano pendurado, sem saber se abririam um processo para demissão. Nesse período, não pude ser promovido e amarguei hostilidades dentro da corporação. Era muito xingado e ofendido em grupos de WhatsApp de policiais, afinal havia promovido uma campanha hostil contra o Bolsonaro.

Entre o fim de 2018 e o de 2019, inexistia ambiente amistoso de trabalho. Excetuando o pessoal mais próximo da 1ª Delegacia de Homicídios e da Coordenadoria de Recursos Especiais (Core), não havia diálogo. Eu seguia fazendo as minhas atividades, mas tudo em volta pesava.

As cobranças vinham de fora da delegacia para dentro, inclusive de outros delegados. Aqueles com quem trabalhei me bancavam. Diziam que eu não era um babaca, me apresentavam como sendo um dos melhores da delegacia. De maneira reservada, me contavam quando a pressão se acentuava.

Não sabiam por quanto tempo conseguiriam me bancar, porque vinha pressão até de deputado, e tudo é muito sensível, pois os principais cargos são fruto de indicações políticas. Entre queimar um agente ou perder uma posição, o delegado prefere a primeira opção. As tentativas de me prejudicar chegavam até a direção do departamento e à chefia de Polícia.

Ficar próximo dos Policiais Antifascismo me ajudava a enfrentar a perseguição que sofria, afinal, associar-me a mais policiais comprometidos em derrotar essa deformação política que se alastrava pelo país fazia eu me sentir menos solitário. Participei de um congresso do movimento no Recife e fomos aprofundando relações.

Eu não falava pelo movimento, mas em todos os meus vídeos e lives vestia a camiseta do grupo. Isso repercutiu, incomodando a cúpula e alguns mais radicalizados da base. O movimento cresceu e começou a ter uma verticalização do poder. Tudo deveria passar pela direção estadual para depois chegar à nacional, que então deliberaria. Sem esse trâmite, não se podia manifestar em nome do movimento.

Comecei a me incomodar, porque sempre imaginei o movimento mais horizontal, de acordo com o manifesto que defendia, entre outros pontos, legalização e descriminalização da produção e do comércio de drogas, desmilitarização da polícia, redemocratização interna nas polícias e luta contra o neoliberalismo. Só progressistas abraçam essas pautas e lutam contra misoginia e homofobia. Bem bacana o manifesto. No entanto, pressenti que o movimento caminhava para uma estrutura partidária.

Tenho voz própria, espaços, canais, mas, ao falar vestindo a camiseta do movimento, precisaria pedir autorização. As críticas a mim começaram com baixa intensidade, porém passaram do limite quando eclodiu o motim da Polícia Militar no Ceará. Aí deu racha.

Em 19 de fevereiro de 2020, o então senador licenciado Cid Gomes (PDT-CE) foi alvejado com dois tiros durante manifestação de PMs no município de Sobral. Ele dirigia uma retroescavadeira e tentou invadir um batalhão da Polícia Militar, que tinha sua entrada bloqueada por policiais amotinados e mascarados que aderiram à paralisação da corporação, iniciada no dia anterior devido a um impasse com o governo estadual sobre reajuste salarial.

Em minhas redes sociais, eu disse que não defendia a atitude inadequada de Gomes, mas que nada justificaria ele receber disparos de arma de fogo. Discordava da forma como ele atuou, mas também da reação que o feriu. Afirmei também que não se tratava de greve, nem de manifestação, mas de ação violenta de milicianos mascarados que usaram viaturas, armamento e quartel para instaurar o terror na cidade. Aquilo dizia respeito à milícia; nada tinha a ver com direito a greve e livre manifestação de trabalhadores.

Depois que publiquei meu material, o movimento liberou uma nota parabenizando os heróis que tiveram de tomar uma atitude extrema porque o direito à greve não estava regulamentado para policiais, e as estruturas neoliberais geram esse tipo de situação de desespero.

A partir disso, foi convocada uma reunião num grupo de WhatsApp do movimento e a cúpula me atacou, dizendo que eu teria de apagar o publicado e redigir uma nota pedindo desculpa, porque minha fala estaria em desacordo com o que a direção nacional definira.

Respondi que não apagaria porcaria nenhuma, nem passaria pano para miliciano. Reclamei que o movimento não poderia ser verticalizado, da maneira como estavam fazendo. Então, anunciei que sairia e deixaria de usar a camiseta do grupo.

Hoje nos respeitamos bastante e dialogo com eles. Até tentei voltar ao movimento em 2020, porque Bolsonaro crescia e considerei importante reforçar o que defendíamos, mas vieram com uma lista de exigências e desisti. A cada vez que fosse falar, teria que antes informar o conteúdo para o diretório estadual. Claro que não.

Sem camiseta, acabei criando a minha própria: preta estampada com a palavra "Antifascismo" em amarelo e na fonte tipográfica American Captain. As cores aparecem nos brasões das Civis, e o meu amigo que fez a arte avaliou que era uma ótima combinação porque gerava contraste. Ele sugeriu a American Captain porque considera que ela tem algo do universo policial, heroico. É uma fonte que provém das histórias em quadrinhos. O curioso é que nem gosto do Capitão América. O único super-herói que curto é o Batman, os demais nunca suportei.

Essa foi a terceira camiseta que adotei. A primeira foi aquela da frase "A gente precisa de segurança!", usada nas campanhas de 2016 e 2018. Na metade da segunda eleição que disputei, vesti a dos Policiais Antifascismo. E quando saí do movimento, criei a atual. Nela consta apenas a palavra "Antifascismo", sem "policial", porque não queria que houvesse confusão com o movimento. Ainda assim eles se incomodaram, porque fiquei conhecido como policial antifascista, mesmo não participando mais do movimento.

Já imprimi dezenas. Brinco que é similar ao guarda-roupa da Mônica: várias peças iguais para não ter dúvida quanto ao que vestir. Muitas acabei dando. Chegou a um ponto em que estão produzindo a camiseta por aí. Perdi o controle do que criei e acho isso muito legal.

Mas voltemos aos horrores dos bolsonaristas.

A partir de março de 2020, com a pandemia de covid-19, Bolsonaro instigou seus seguidores a ir para as ruas pedir a reabertura do comércio e o fechamento do Congresso e do STF. No ato de 19 de abril, um grupo se reuniu próximo ao Comando Militar do Sul, no centro de Porto Alegre, pedindo intervenção das Forças Armadas. Mais adiante, na frente da igreja Nossa Senhora das Dores, uma atriz apareceu com uma máscara similar às usadas para proteção do coronavírus, estampada com a frase "Fora Bolsonaro". Sobre seu corpo, a bandeira do Brasil.

Do alto da mureta que delimita o terreno do templo, rente à calçada, muito próxima dos bolsonaristas, a mulher que desafiou os saudosistas da ditadura desfraldou o tecido e revelou seu corpo nu. Depois que desceu, ela e três amigos, mais duas mulheres, foram perseguidos e agredidos com socos e pontapés desferidos por manifestantes vestidos com roupas de cores verde e amarelo. O episódio repercutiu no Brasil todo.

No fim de semana seguinte, antifascistas ligados a torcidas de futebol se concentraram no mesmo lugar, onde haveria outro protesto bolsonarista. Posicionaram-se no meio da rua, barrando a carreata convocada pelo deputado estadual Ruy Irigaray, do PSL, partido pelo qual Bolsonaro se elegeu. Humilhados, foram forçados a dar marcha a ré.

Em minha conta no Twitter, elogiava cada ação dos antifascistas. Publiquei um vídeo produzido pelos antifascistas que mostrava a carreata andando para trás, destacando o simbolismo de voltarem de ré. O Irigaray achou que eu era o autor das imagens. Com base nisso, montou um dossiê me chamando de líder terrorista antifa e em maio remeteu o documento para o Ministério Público. Também distribuiu o material para a imprensa e para o Ministério da Justiça e Segurança Pública. Na Polícia Civil, entregou pessoalmente para a Corregedoria e para a chefia de Polícia. Ele foi secretário de Estado no início do governo Eduardo Leite, então dá para imaginar a pressão que tentava exercer ancorado nessas credenciais.

No mesmo período, assinei um manifesto que os policiais antifascismo fizeram a favor da democracia. O material do Ruy mais o manifesto e o nome de quem o subscreveu originaram um dossiê contra policiais antifascistas, e eu passei a ser monitorado.

Soube disso por meio de um amigo que também trabalha na Polícia Civil. Ele disse que precisava falar comigo pessoalmente. No encontro, revelou que o Gabinete de Segurança Institucional (GSI), da Presidência da República, e a PM2, que é o serviço de inteligência da Polícia Militar, estavam me monitorando.

Também contou que o setor de Inteligência da Polícia Civil foi procurado por funcionários de órgãos públicos que queriam saber se eu era corrupto, se faltava ao trabalho, se usava drogas; enfim, fizeram uma limpa na minha vida. Uma das pessoas que vasculharam meu passado teria dito: "Que merda que esse cara não tem nenhum rabo preso, senão a gente derrubava ele agora".

Passei a ser monitorado fisicamente, então meu amigo aconselhou que eu não fosse mais a atos dos antifas, caso pretendesse, porque acreditava que poderiam enxertar algo em mim, a fim de dar um jeito de me enquadrar por organização criminosa.

Esse clima dominou o primeiro semestre de 2020. Foi um período bem tenso. Eu examinava a parte de baixo do carro para ver se encontrava algum GPS, afinal eu trabalhava na investigação e sabia como isso funcionava. Estava tranquilo, não tinha nada de errado, mas era ruim ficar esperando que algo acontecesse.

Toda essa acusação infundada contra mim não resultou em nada. O Irigaray, no entanto, se deu muito mal. Assessoras que trabalhavam no gabinete dele na Assembleia Legislativa me procuraram para entregar documentos que comprovavam o uso de dinheiro público para fins pessoais, incluindo obras na casa da sogra. Apresentei o material para o jornalista Giovani Grizotti, que apurou os fatos e produziu uma reportagem apresentada no *Fantástico*, programa da Rede Globo, denunciando as irregularidades. Isso originou um processo que culminou com a cassação do mandato do Irigaray em 22 de março de 2022, com 45 votos favoráveis e três contra. Motivo: quebra de decoro. Ele ainda ficou impedido de concorrer por oito anos.

UM PROJETO POLÍTICO QUE ACOMPANHA A DIVERSIDADE DA VIDA

10. Tenho uma dificuldade profunda em lidar com injustiça e desigualdade. Pode parecer pueril afirmar isso, pois é o mínimo que se esperaria de qualquer pessoa. Desnecessário desenvolver, porém, o fato de que a sociedade segue cada vez mais injusta e desigual, portanto é fundamental destacar as iniquidades.

A indignação sustenta minha ação política e dela derivam os temas que apresentei nas três campanhas eleitorais que disputei (em 2016 para vereador, em 2018 para deputado estadual e em 2020 novamente para vereador). Como no último pleito consegui me eleger, o trabalho que desenvolvo com minha equipe na Câmara de Vereadores de Porto Alegre segue a mesma linha discutida com os eleitores. Assim criamos projetos e promovemos articulações para enfrentar esses tempos brutos e insanos e qualificar a vida dos cidadãos.

No mundo que almejo, quase uma utopia, todos têm condições mínimas para viver com dignidade. Para tanto, não pode haver abismos gigantes perpetuando a pobreza.

Nesse mundo que projeto e me instiga a não parar de lutar, inexistem abusos e preconceitos. Portanto, não há exclusão nem agressão pelo simples fato de alguém ser o que é.

Nesse mundo, não haveria espaço para uma elite econômica similar à brasileira, que despreza os menos abastados, a classe trabalhadora e os moradores da periferia, passando por cima deles.

Não fazer nada resulta em aceitar as coisas como elas são enquanto as injustiças seguem atraiçoando, por isso me movimento, articulo e ouço bastante as pessoas, para me conectar mais ainda à realidade.

Acredito que a mudança profunda deve partir da grande política, da alteração de estruturas. O resto tem alcance limitado ou não passa de assistencialismo. Essa transformação necessariamente requer diminuir os abismos. Para isso, seriam necessárias medidas que os detentores do poder não cogitam nem discutir, entre elas taxação de grandes fortunas e reformulação da matriz tributária. E é ao Estado, movido por governos comprometidos, que caberia o papel determinante nesse processo – não esperemos que o mercado faça algo.

De forma ampla, a justiça social que busco parte de uma lógica de redistribuição defendida pelo campo progressista e que é mais igualitária. Claro que sempre haverá diferenças na sociedade, mas elas não precisam ser abismos.

Ao fazer esse embate, ao me propor trabalhar para minimamente melhorar o mundo, tenho mais prejuízos pessoais do que benefícios. Isso acontece, em geral, com os militantes do campo progressista que se colocam como agentes da necessária transformação. Saúde, tempo e carreira se fragilizam nessa caminhada, mas não desistimos.

O que defendo não é abstrato, nem surge de forma natural. São construções que se originaram, no meu caso, da família, de amizades e percepções pessoais, ampliadas a partir do que colho nas ruas e nas conversas que tenho.

O grande mote da minha ação política e do meu mandato é o combate ao fascismo, e disso derivam vários temas, muitos deles abrigados no que consagramos na tradição dos direitos humanos.

O mandato funciona como vetor de um processo que não me pertence, pois é prerrogativa dos grupos e das pessoas que se articulam em torno desses temas, com quem compartilhamos entendimentos. Temos limites, mas isso só aumenta a coragem de construir freios para barrar o que atenta contra a vida, a democracia e a dignidade.

Em 2018, vi a ascensão do bolsonarismo na sociedade e, por extensão, dentro da Polícia Civil, corporação à qual pertenço. A luta antifascista confronta esse terrível estado das coisas que se alastrou e tomou o poder no Brasil, com uma capacidade destrutiva que assombra. Eu sabia que haveria embates duros, que seria difícil. Assumi as consequências e realmente foi pesado. Sofri ataques e perseguições não apenas nas redes sociais, mas também na força policial em que escolhi trabalhar, porém fiz o que foi preciso.

Há temas que mobilizam e estão no radar da equipe do meu gabinete na Câmara de Vereadores, todos alinhados ao campo progressista. Durante a campanha de 2020, eles foram discutidos com a população que conseguimos atingir, e assim firmamos um compromisso. Nossos projetos honram o diálogo estabelecido e a confiança que em nós depositaram.

Como dito anteriormente, derrotar qualquer esboço de atos fascistas é o principal compromisso, mas nossa pauta representa a diversidade do debate e da escuta que promovemos com a população.

Direitos humanos em sua extensão e urgência. Racismo, questões de gênero, direitos das mulheres e de pessoas LGBTQIA+, agressões a grupos vulneráveis, legalização das drogas, cultura, direito dos animais, educação, valorização do serviço e dos servidores públicos, segurança pública – parece muito, mas há um fio subjetivo que une todos esses temas. E assim é a vida, diversa, expandida, transbordando os limites que tentam impor.

Até maio de 2022, protocolamos 51 projetos de lei e quatro projetos indicativos ao Poder Executivo. Um projeto indicativo é criado por um vereador, apresentado na Câmara e encaminhado ao Executivo municipal, que, se tiver interesse no tema, pode apresentá-lo na forma de projeto de lei para ser apreciado pelo Legislativo.

No primeiro ano de nosso mandato, em 2021, protocolamos no mínimo um projeto relacionado a cada tema que discutimos na campanha. O primeiro deles se refere à criação da Casa Márcia Santana de acolhimento para mulheres vítimas de violência. A ideia surgiu de uma ampla e antiga demanda do movimento feminista identificada pela nossa equipe desde a época em que estávamos em campanha eleitoral.

Uma casa desse tipo é um dos principais instrumentos de combate à violência contra as mulheres, de acordo com o que apuramos em diálogo com órgãos de segurança e com base em recentes pesquisas sobre políticas públicas para a população feminina.

O objetivo é acolher de forma temporária não apenas as mulheres que sofrem qualquer tipo de violência, mas também seus dependentes. A casa fica responsável por encaminhar a beneficiária aos demais serviços da Rede Lilás, instituída em 2015 no Rio Grande do Sul a fim de articular serviços públicos e ações destinadas a propiciar segurança para mulheres e meninas ao tirá-las dos ciclos de violência, dando acesso a segurança, saúde, educação, assistência social e justiça.

O nome da casa homenageia a assistente social Márcia Santana, que, quando morreu, em março de 2013, era secretária de Políticas para as Mulheres do Rio Grande do Sul. Ligada ao movimento feminista, tinha um histórico de trabalho e militância em causas ligadas aos direitos das mulheres, ao combate à violência doméstica e ao fim da exploração sexual de crianças e adolescentes.

O indicativo relativo à criação da casa foi aprovado e a prefeitura busca um local para instalá-la.

Em nosso gabinete, temos um processo permanente que se vincula ao esforço de derrotar o fascismo em todas as suas dimensões. Trata-se da Operação Bastardos Inglórios. O nome, como fica evidente, evoca o filme de Quentin Tarantino lançado em 2009, que conta a história de um grupo de militares dos Estados Unidos, todos judeus, enviado para a França a fim de eliminar nazistas durante a Segunda Guerra Mundial.

A operação foi uma das propostas de campanha que logo inserimos na dinâmica do gabinete, no qual montamos um grupo que se dedica a monitorar redes de ódio e membros de grupos neonazistas e supremacistas. Dois membros do mandato acompanham grupos em aplicativos de mensagens, nas redes sociais e na *deep web*, chamado de "lado obscuro" da internet por não ter regulamentação e ser difícil de rastrear. Também há ações fora do mundo virtual, porque grupos neonazistas se proliferam na concretude das cidades.

Estabelecemos uma relação estratégica com a antropóloga Adriana Dias, da Universidade Estadual de Campinas (Unicamp), uma das maiores pesquisadoras sobre neonazismo no Brasil. Ela nos fornece bastante conteúdo, dando lastro para que o gabinete identifique sujeitos e grupos. A Delegacia de Combate à Intolerância, inaugurada em Porto Alegre em dezembro de 2020, é nossa aliada nesse processo. Agimos diretamente com ela fornecendo dossiês que montamos sobre integrantes de grupos extremistas.

Importante destacar que não se trata apenas de identificar apologia ao neonazismo, pois esses grupos, em geral, estão ligados também a pedofilia, incitação à violência, agressões físicas e homicídios. Há bastante coisa perversa.

Até maio de 2022, identificamos cerca de cinquenta membros de grupos neonazistas apenas no Rio Grande do Sul. Realizamos diversos boletins de ocorrência, que originaram inquéritos, e conseguimos mandados de busca e apreensão de materiais, além de pedidos de prisão preventiva.

O caso mais rumoroso envolve o ator Douglas Silva, durante sua participação no programa *Big Brother Brasil* (BBB), da Globo. No início de 2022, ele sofreu ofensas racistas e ameaças de um morador do município de Novo Hamburgo (RS) vinculado a um grupo nazista que planeja ataques contra judeus, negros e homossexuais.

Publicamos em nossas redes sociais *prints* que identificam os neonazistas ou pessoas que estimulam atos fascistas. A intenção é causar desconforto social para quem promove o ódio. Buscamos repercussão no mundo penal, mesmo que ao final não haja condenação, pois pelo menos assim fica claro que nos mobilizamos de maneira organizada e atenta.

Recebemos muitas denúncias, todas averiguadas, e chegam ameaças também. Não me assustam, mas não as desprezo. Como policial, já havia encampado no cotidiano cuidados que sigo praticando.

Nossa luta antifascista ganhou mais relevância dentro do PT quando a sua setorial de Segurança Pública criou um núcleo de combate ao fascismo e ao neonazismo, cuja coordenação eu assumi em março de 2022. Com objetivo similar ao trabalho que realizamos no gabinete, acolhe denúncias de casos de extremismo para remetê-las à polícia.

Outro tema importante e que está no núcleo de nossa ação política é pauta de assuntos relacionados às pessoas LGBTQIA+, para as quais propusemos um conjunto de iniciativas. Cito alguns projetos que protocolamos: instituição do Dia da Visibilidade Trans no calendário oficial de Porto Alegre, criação do Programa Municipal de Emprego e Renda para a População Trans e Travesti e implantação de uma casa de acolhimento para a população LGBTQIA+ em situação de vulnerabilidade social.

Destaco mais alguns para caracterizar a diversidade de temas e a vinculação com nossa proposta política: proibição de tatuagens, piercings e microdermais em animais para fins estéticos, criação do Programa Municipal da Saúde Menstrual para combater a pobreza menstrual por meio de informações e da disponibilização de absorventes em escolas e demais equipamentos públicos, criação do Programa de Segurança Obstétrica para promoção de boas práticas obstétricas e obrigatoriedade da utilização de câmeras de vídeo nos coletes de agentes da Guarda Municipal.

Como vereador, cada vez mais pretendo ampliar o alcance de nossas pautas com a certeza de que elas se inserem num esforço permanente de transformar o mundo e qualificar a vida.

NÃO POSSO TER QUALQUER TIPO DE DESONRA

11.

Não somos muito diferentes do meio em que nascemos e crescemos – pelo menos assim entendo a trajetória das pessoas. Se não for a família, são os amigos que ajudam a nos moldar. O que nos tornamos não surge do zero, mas também não é um processo compulsório. Podemos combater traços, sentimentos e episódios que envolvem nossos primeiros vínculos na vida, mas, mesmo assim, eles seguirão conosco, porque a recusa pressupõe admitir o que não queremos.

Digo isso calcado na minha experiência. Em toda situação importante, percebo vestígios dos meus pais. Do legado deles, emergem princípios que sustentam a luta por um mundo melhor e me encorajam a combater injustiças e o fascismo, eixo definidor da minha ação política.

Sempre tiveram na vida uma postura de muita honestidade e força, tenacidade rara. Corajosos, nunca deixaram de se posicionar ou fazer aquilo em que acreditavam.

O que eles foram, fizeram, criaram, estimularam, defenderam e combateram se associa à minha existência não apenas devido à força da ancestralidade, mas, sobretudo, pela minha decisão de honrá-los. Enalteço até o sofrimento deles – não por sadismo, evidentemente, mas porque, mesmo na dor longa e aguda que antecedeu a morte, se mostraram gigantes.

Quando olho em retrospecto para minha estrutura familiar, não vejo um desenho tradicional. Em mim, inexistem lembranças de pai e mãe juntos. Eles se separaram quando eu tinha apenas 8 meses, em 1981, e não restou mágoa. A vida não é o que se quer, mas o que se consegue, com arranjos possíveis para nos adaptarmos às adversidades e ao acaso.

Minha mãe se graduou em Pedagogia e alfabetizou jovens e adultos em Santa Catarina, usando o método Paulo Freire. Quando passou num concurso do Banco do Brasil, retornou para Porto Alegre e conheceu meu pai no fim dos anos 1970. Ele era dramaturgo e diretor de teatro autodidata. Lia bastante e acreditava na educação. No início, escrevia para o público adulto, com temática política, o que rendeu problemas com a censura. Depois, migrou para o repertório infantil.

Mesmo com a jornada no banco e as atividades no sindicato, minha mãe arrumava tempo para trabalhar com produção cultural. Na companhia de teatro do meu pai, instituiu carteira de trabalho assinada para os integrantes. Se hoje isso já seria raro, imaginem na época.

Por curiosidade, consultei o Sindicato dos Bancários de Porto Alegre e Região (SindBancários) para ver o que havia de registro dela. Passaram-se 46 dias e chegou a resposta: "Informamos que a bancária Suzana Costa Guterres foi sindicalizada em 25/8/1978, atuando no Banco do Brasil". A partir da intensa atividade sindical, ampliou sua ação e participou da criação do PT, em 1980. Nesse contexto, nasci em 8 de janeiro de 1981.

Quando fez o desmame, viajou para a casa dos pais no município de Alegrete, na ponta oeste do Rio Grande do Sul, distante quase 500 quilômetros da capital. Permaneci alguns meses com meus avós enquanto ela voltava a Porto Alegre para retomar o trabalho e organizar uma estrutura de apoio, já que viveria sozinha, trabalhando o dia todo e ainda participando da militância política e sindical.

A ida para o interior se deu à revelia do meu pai, que jamais deixou de lembrar o quanto isso o magoou, em especial por não ter participado do meu batizado. Quando a minha mãe conseguiu se organizar, me buscou, e desde então Alegrete se incorporou à minha história. A cada ano, lá passava um ou dois meses.

Meus fins de semana dividiam-se entre três casas: a da minha mãe – que era onde eu morava –, a do meu pai e a dos meus tios Martha Guterres Paz e Agis Paz. Quando ficava com o meu pai, boa parte do tempo passava dentro do teatro, pois nos sábados e domingos havia espetáculo. Assisti a cada peça inúmeras vezes e convivi proximamente com o elenco.

Meu pai tinha uma perna 20 centímetros mais curta do que a outra e isso me marcou não pela deficiência em si, mas porque chamava a atenção das crianças. Impressionadas, comentavam sobre o sapatão que ele usava para compensar a diferença. A reação me irritava bastante, considerava uma falta de educação, e ele dizia para eu ficar calmo. "São coisas da vida. É diferente mesmo e chama a atenção", resumia.

Nos meus primeiros anos, permanecia dois turnos na creche. Ao alcançar a idade de ingressar no colégio, minha mãe escolheu o Sévigné, onde fiz todo o ciclo escolar. Na época, eram comprometidos com um projeto pedagógico crítico e alinhados a valores da esquerda, tanto que foi a opção dela e de muita gente ligada ao PT. Isso se perdeu com o tempo. Nessa fase, comecei a praticar natação e futebol.

Duas mulheres compunham a rede doméstica formada para cuidar de mim no apartamento onde morávamos na Travessa Pesqueiro, no bairro Cidade Baixa. Lavania, uma imigrante filipina que meus tios conheceram no centro onde praticavam yoga e meditação, ficava responsável pelo preparo da comida. Seguia o vegetarianismo e essa condição definia a natureza da nossa dieta.

A segunda secretária – minha mãe as chamava assim –, que me acompanhava todo o tempo, era Dalva, moradora da Vila Bom Jesus, aonde muitas vezes fui para brincar com os seus filhos. Quando eu tinha 9 anos, me incomodei com alguma coisa qualquer, nem lembro o que, e disse: "Não enche o saco, negra infecta". Na hora percebi o absurdo, o horror do ato. Baixei a cabeça e tentei desconversar. Ela contou o acontecido para minha mãe, pois ficou preocupada comigo. E minha mãe se enfureceu.

A partir desse episódio, ampliei minha sensibilidade em relação ao racismo. Dalva ficou conosco até os meus 10 anos. Com 12, já me virava sozinho, era meio autônomo. Isso me deixou um tanto cascudo em relação às vinculações afetivas familiares.

Minha mãe era marxista, freiriana e construtivista. Queria que eu fosse independente e procurou me qualificar em várias frentes: educação, cultura, sensibilidade e atividade física. Quando eu tinha 6 anos, me matriculou no Projeto Prelúdio, da Universidade Federal do Rio Grande do Sul (UFRGS), um projeto de iniciação musical. Aprendi a ler partitura antes da alfabetização, e a música nunca mais saiu da minha vida. Atualmente, tenho uma banda. Sou vocalista e toco alguns instrumentos como apoio. Tive outra antes e desempenhava o mesmo papel.

Minha mãe sempre dizia: "Eu fumo, mas não quero que tu fumes. Nem que uses droga, porque isso pode dar oportunidade de alguém te controlar". Namorou um cara bem bacana que morreu por causa do alcoolismo, o Mauri Meurer, liderança reconhecida do PT e do movimento sindical. Foi um baque grande para nós.

Quando tínhamos por volta de 12 anos, meus colegas já ficavam com garotas nas reuniões dançantes. Eu não tinha sucesso, era um fiasco. Dançava com a vassoura ou a irmã mais nova de alguém da turma. Faltavam malandragem e atitude. Aos 14, cansado da situação, comecei a treinar muay thai, entrei para a torcida organizada, raspei o cabelo, arranquei confiança das profundezas da alma e a situação mudou. Não ficava mais sozinho nas festas. Com 15 anos, me candidatei a presidente do grêmio estudantil e venci. E o ciclo de muitas garotas durou pouco. Dos 17 em diante, as relações se tornaram duradouras. Em 1998, concluí a escola e no ano seguinte ingressei no curso de História da UFRGS.

Minha mãe e meus tios compraram um sítio onde depois construí a casa em que moro. Eles são meus segundos pais. Se sou vegetariano, não bebo álcool e medito, é por influência deles, que fazem yoga e são músicos. A convivência próxima inspirou muito do que sou, incluindo a espiritualidade e o amor por cachorros.

Meus pais não eram carinhosos. Ele, principalmente. Não me ressinto quanto a isso, talvez porque eu seja bem comedido nesse quesito. Às vezes, quando minha mãe tentava um gesto mais terno, reclamava da minha reação esquiva. Eu não estava acostumado com aquilo. Não tive relações calorosas. Nesse sentido, me formatei meio solo. Posso gostar da pessoa, mas contenho a demonstração.

Sou muito presente na vida da minha filha, Nicolle, sem demonstrações efusivas do tanto que gosto dela. Na minha gramática afetiva, algumas páginas ficaram em branco. Nem todo mundo entende e as pessoas me tomam por frio.

Nicolle é uma garota muito bacana, sensível às sutilezas, principalmente em pautas feministas e LGBTQIA+. Tem uma visão de mundo progressista e se posiciona bastante.

Conheci a mãe dela, Roberta, na universidade. Entramos no mesmo curso e semestre, mas Beta era do período diurno e eu, do noturno. No segundo semestre, precisou se matricular em uma disciplina à noite e nos conhecemos. Ela engravidou no segundo mês de namoro. Éramos muito jovens.

Depois que nossa filha nasceu, em 29 de março de 2001, adotamos uma rotina mambembe. Durante a semana, ficávamos na minha mãe, que estava aposentada e cuidava da Nicolle à noite, para podermos ir à aula. Sábado e domingo passávamos na minha sogra, que virou nosso abrigo mais regular depois da minha formatura. Em 2013, nos mudamos para a casa que construímos no sítio.

Ficamos juntos durante 21 anos. Um casamento muito bacana. Beta foi fora de série durante a doença que vitimou minha mãe, de quem sempre esteve próxima.

Minha mãe teve com a neta uma relação tão intensa que parecia de mãe e filha. A experiência mais profunda de convivência que não conseguiu comigo, por causa das diversas ocupações, parece que resgatou com a Nicolle. Isso agravou o baque que minha filha sentiu aos 10 anos, quando a avó morreu.

Chamava a neta de pinguim, em alusão ao filme *Happy Feet*, que adoravam ver juntas. A Nicolle tem apenas uma tatuagem, feita no pulso. É um animal e nem preciso dizer qual.

Um amigo astuto comentou que meus pais fizeram de mim um protótipo perfeito para entrar na política: atuação teatral, formação acadêmica e debates políticos contrários ao meu pensamento. Achei engraçado quando ouvi e concordei. Minha mãe me garantiu uma base ideológica que sustenta meus atos e minha visão de mundo. Meu pai e os embates que tínhamos me ensinaram a debater com o contrário, a me defender com argumentos.

Na luta contra o fascismo, percebo também a influência deles. O tipo de convivência que o meu pai me propiciou desde criança me fez encampar uma lógica permanente de defesa da diversidade porque o teatro é um ambiente libertário por essência. Participar daquele processo, mesmo que involuntariamente, me transformou. Além da formação de repertório e referências culturais, aprendi que cada pessoa pode ser o que quiser. Isso sempre foi tranquilo, sem precisar debater a sexualidade de alguém.

Minha mãe era uma feminista que almejava um mundo mais igualitário. Nunca impôs nada, mas criava condições para vivências que ampliassem minhas perspectivas acerca do mundo e das pessoas. Lembro disso quando combato os fascistas porque, nesse processo, defendemos diversidade, cultura e liberdade de pensamento. Nossa luta se opõe a qualquer forma de opressão.

Na pulsante Porto Alegre dos anos 1980, minha mãe me levou a assembleias sindicais que me ensinaram a perceber a situação das classes trabalhadoras. Testemunhei a construção de um partido de massa e o processo de redemocratização.

Meu pai apoiava tudo que envolvesse educação. Dizia para os filhos que havia saído do nada e, enquanto tivesse dinheiro, viajaria e faria as coisas dele. Quando morresse, avisou, não deixaria nada – e não deixou mesmo. Foi bem claro em relação ao seu último desejo: que suas cinzas fossem espalhadas próximo à Catedral de Notre-Dame, em Paris. Porém, não deixou o dinheiro para as passagens, e as cinzas seguem com a última esposa. Ele que fique tranquilo, pois ainda cumprirei o pedido.

Falando em esposa, foram quatro: Tânia, com quem teve duas filhas, minha mãe, Lívia e Ellen. "Não sei ficar sozinho", dizia.

Meus pais amargaram um fim de vida doloroso. Mesmo assim, encararam a iminência da morte de forma altiva, sem revolta ou indignação, resignados, como sendo algo próprio da vida.

Quando minha mãe recebeu o diagnóstico de câncer no pulmão, pensou que venceria – talvez por ainda ter uma idade dissociada do que se supõe razoável para encarar o fim da vida sem sobressalto, sem pensar que é cedo. Depois, teve que lidar com a notícia de que sua vida terminaria aos 58 anos e foi de uma coragem espantosa.

Meu pai teve outra postura diante da devastação causada em seu corpo pela síndrome de Guillain-Barré: "Tá, deu, fiz a minha parte, agora dane-se". Tinha 73 anos.

A grandeza com que atravessaram dias terríveis de dor me marcou demais. O que presenciei me acompanha sempre, como uma reserva emocional e moral. É um ensinamento, também uma garantia de que conseguirei enfrentar qualquer obstáculo, porque nenhum terá mais peso e dor do que a situação derradeira que viveram.

Quando deparo com uma situação complexa, que não consigo digerir, lembro o que aconteceu e penso: *OK, vou suportar, adiante.* É como se honrasse pai e mãe. Se eles passaram por tudo aquilo, tenho obrigação de também aguentar os golpes que a vida armou.

Tomo muito cuidado para evitar atitudes que destoem da forma como eles levaram a vida. É uma questão relevante que trago em mim, essa de não manchar a trajetória deles. Tinham o respeito das pessoas, mesmo daquelas de quem divergiram, por serem éticos e corretos.

Às vezes, encontro antigos companheiros de militância da minha mãe que me reconhecem e dizem que ela estaria orgulhosa de mim. O mesmo acontece em relação a amigos do meu pai.

Costumo cogitar o que ela faria se estivesse viva durante o meu mandato. Meu pai também, porque era ligado à política, então elucubro o que ambos pensariam sobre determinadas situações.

Quando entro nuns quebra-paus na Câmara de Vereadores, imagino que a minha mãe me mandaria uma mensagem comentando e se posicionando. Acho legal. Fico alegre, e diminui a solidão própria de quem conhece a orfandade, de quem sobrevive à ausência de pai e mãe. A orfandade não é prerrogativa das crianças. Adultos, quando perdem pai e mãe, também ficam órfãos, essas pessoas que, a qualquer idade, percebem que seguirão no mundo sozinhos, porque existe um tipo de vínculo e segurança que apenas pai e mãe propiciam.

Claro que não sou sozinho, mas essa solidão dá trégua apenas quando se tem pai e mãe. Senti essa solidão bem peculiar quando já estavam mortos. Ao mesmo tempo, seguem comigo porque minha vida é consequência deles. Minha atuação política e indignação diante do horror resulta da fortaleza moral e ética que eles ergueram. E quando percebo isso, quando faço esse retrospecto, deixo de me sentir só, mesmo que siga sozinho. Contraditório, né? Parece que não tem lógica, mas assim é a vida. Na contabilidade dos afetos, nós, os órfãos, temos os dois resultados: o negativo e o positivo.

Mas é isso, meus amigos, não posso ter qualquer tipo de desonra em respeito aos meus pais, ao que passaram.

BARRAR O FASCISMO NA PRIMAVERA

12.

Por mais que o objetivo deste livro fosse estabelecer algumas reflexões sobre fascismo e a escalada dessa degeneração política no Brasil, foi inevitável tratar de episódios pessoais e profissionais. Não poderia ser diferente. A vida não tem compartimentos; ela resulta da combinação de tudo o que somos.

Ao estabelecer uma genealogia do meu envolvimento com o assunto e refletir por que a luta antifascista se tornou o emblema da ação política que empreendo e do meu mandato como vereador de Porto Alegre, reconheci a influência determinante da minha história familiar, da militância política dos meus pais e da minha trajetória acadêmica.

E, nesse processo intenso, excitante e por vezes melancólico de escrever estas páginas que agora se encerram, percebi o quanto é fácil entender o desprezo que fascistas, ultradireitistas, bolsonaristas, milicianos e todos os seus derivados e semelhantes têm pela cultura letrada, pelo pensamento crítico e pela pesquisa histórica.

O fascismo não surge de uma hora para a outra. Não basta um par de anos para que a sociedade e a cena política alcancem tamanho grau de esfacelamento, a ponto de se eleger presidente uma figura que é a negação da vida, com um potencial avassalador de destruição das estruturas estabelecidas a partir da redemocratização do Brasil.

A eleição de Bolsonaro começou quando ele era apenas ridicularizado, tratado como maluco, machista, homofóbico, preconceituoso, antidemocrático, radical, bizarro, obtuso, caricato e paspalho. E a eleição se consagrou quando, dentro da Câmara Federal, em um dos dias mais graves da história política do país, ele enalteceu e homenageou um torturador e nada aconteceu.

Se fôssemos uma democracia consolidada e se os parlamentares federais estivessem comprometidos com a preservação e o aprimoramento desse regime, o mandato de Bolsonaro seria cassado a partir daquela cena grotesca transmitida ao vivo pelas emissoras que cobriam o golpe contra Dilma Rousseff que, para ganhar ares de legalidade, foi chamado de *impeachment*.

Quando cursei a graduação de História, um dos temas a que mais me dediquei foi o fascismo. Esse repertório de conhecimento fez que eu identificasse em fatos recentes, sobretudo a partir das manifestações de 2013, elementos que remetem ao fascismo.

Poucos me levaram a sério. Fascismo, para muitos, ficava restrito aos livros de História, algo que aconteceu décadas atrás na Europa, bem distante da nossa realidade.

Pois se a leitura desses livros fosse atenta, e se prestassem mais atenção ao que vinha acontecendo na política internacional, ficaria evidente a escalada fascista em curso no Brasil. É por isso, repito, que Bolsonaro e seu séquito fascista odeiam a cultura letrada.

Quando termino de escrever este *Manual do policial antifascista*, faz em Porto Alegre um dia típico do outono sulino, com um frio ameno. Ainda atravessaremos o inverno e, quando a primavera chegar, em poucos meses, teremos uma eleição quese apresenta como a mais importante.

Há muitos riscos no ar, a depender do resultado das urnas. Bolsonaro é uma máquina potente de destruição porque o compromisso dele não é com o país, com a preservação da vida. Seu comprometimento é consigo mesmo, com sua família, sua quadrilha e seus milicianos de estimação.

Pretendo estar nessa disputa, novamente tendo a luta antifascista e o respeito aos direitos humanos na linha de frente do meu projeto eleitoral, que é conquistar um mandato como deputado estadual.

Será a quarta eleição em que me credencio com o propósito de barrar o avanço do fascismo em nossa sociedade e na política institucional, mas esse projeto não pode ser de indivíduos. É preciso que se amplie mais e mais, que seja encampado pelo coletivo, porque apenas assim as urnas negarão a perpetuação do horror.

Os livros de História, os mesmos que Bolsonaro despreza, ensinam que o fascismo não se estabelece apenas por meio de um golpe. Aparentando normalidade democrática, as urnas podem colocar no poder pessoas cujo propósito é, mais do que corroer a democracia, implantar um projeto totalitário.

E foi por isso que escrevi estas páginas. Mais do que um projeto pessoal ou um esboço biográfico, a ideia era ampliar o debate sobre o fascismo e mostrar que estamos correndo risco.

A primavera parece distante, mas ela está logo ali. É uma estação bonita, quando parece que a vida se renova. Pelo menos é o que sente quem vive em terras mais meridionais, onde a temperatura despenca no inverno e nos recolhemos.

Pois é o que desejo, neste parágrafo final: que, quando chegar a primavera, possamos barrar o fascismo.

AGRADECIMENTOS

Agradeço a todos os colegas e todas as colegas policiais por doarem seu sangue e suor para uma sociedade mais segura e democrática. Em especial, aos colegas e às colegas da UGEIRM Sindicato, da Divisão de Homicídios e da Coordenadoria de Operações e Recursos Especiais (CORE) da Polícia Civil do RS.

(*In memoriam*) À minha mãe, Suzana Maria Costa Guterres, por ter sido uma grande lutadora pelos direitos da classe trabalhadora; e ao meu pai, Ronald Radde, por ter sido um batalhador da cultura e da educação.

Agradeço também a Giane Alves Santos, fonte de amor e carinho na realização deste trabalho.